남녀 심리백서

## 남녀 심리백서

초판 1쇄　2012년 8월 27일
지은이　　김은선
펴낸이　　김영재
펴낸곳　　책만드는집

주소　　서울 마포구 합정동 428-49번지 4층(121-887)
전화　　3142-1585 · 6
팩시밀리　　336-8908
전자우편　　chaekjip@naver.com
블로그　　http://blog.naver.com/chaekjip
등록　　1994년 1월 13일 제10-927호
ⓒ 김은선, 2012

지은이와의 협약에 의해 인지를 따로 붙이지 않습니다.
잘못된 책은 구입하신 서점에서 바꾸어드립니다.

ISBN 978-89-7944-407-0 (03810)

이 도서의 국립중앙도서관 출판시도서목록(CIP)은 e-CIP
홈페이지(http://www.nl.go.kr/cip.php)에서 이용하실 수 있습니다.
(CIP제어번호: CIP2012003555)

# 남녀 심리백서

김은선 지음

책만드는집

## 작가의 말

남자와 여자가 할 수 있는 가장 위대한 미친 짓은 사랑이라고 했던가! 알면서도 우린 결과부터 두려워하며 포기한다. 제대로 시작도 안 해보고 상처받고 서둘러 변명하며 스스로를 가둔다.
하지만 동전의 양면 같은 게 우리의 삶이다. 사랑의 뒷면을 들추면 어느 날 불쑥 찾아올지도 모를 이별이 숨어 있고, 이별의 뒷면엔 다시 올 새로운 사랑이 신호를 보내고 있다.
그래서 인생은 끝까지 가봐야 안다. 지금은 좋아 죽겠는 그와 연애하느라 가족 친구들로부터 스스로 왕따가 되고, 지금은 그녀 때문에 이별의 고통으로 술병을 베개 삼아 잠들더라도, 사랑이란 한순간 역전되는 불가항력이 있다. 어제는 사랑 때문에 가슴 터질 것 같았어도 오늘은 달랑 문자 한 줄로 이별 통보를 받고 멘붕이 올 수도 있고, 어제는 울다 지친 밤이었지만 오늘은 눈부신 꽃다발과 무릎 꿇으며 건네주는 그 사람의 반지 앞에 감동의 입맞춤을 해줄 수도 있다. 포기하지만 않는다면, 이 책 속에 있는 깨알 같은 모든 로맨스 비법과 노하우들이 당신의 연애 세포를 소생시켜줄 것이며, 다시금 첫사랑이 되살아나듯 누군가가 마법처럼 당신의 심장을 쿵쿵 뛰게 해줄 것이다. 그러면 멈추지 말고 본능에 맡긴 채, 사랑에게로 달려가라.
설령 혼자 보내는 시간이 많아져서 슬픔의 블랙홀로 빠지더라도 그 속에서 가뿐히 건져줄 생활 속 행복한 레시피를, 이 책 속에 한상 가득 차려놓았다. 책을 열고 수저만 들면 당신의 몸속에 들어가 유전자의 배열을 바꿔놓을 수도 있다는 확신으로 읽어라. 행복은 감정이

아니라 삶의 태도다.

미뤄둔 일은 사라지지 않고 적립되지만, 미뤄둔 꿈은 결코 쌓이지 않고 멀어질 뿐이다. 우리의 하루하루는 반드시 정산을 요구하니까…….

셰익스피어, 아인슈타인 같은 거성들도 한결같이 설파했다. "세상의 모든 진실은 단순하다." 복잡하게 머리만 싸맨다고 실패가 성공으로 바뀌진 않는다. 열심히, 치열하게, 간절히, 하루하루 열정으로 마주하다 보면 한숨 쉬는 시간도 아깝다는 생각이 들 것이다. 비바람이 멈추길 기다리지 말고, 쏟아지는 폭우 속에서도 춤추는 법을 배워가는 것! 그것이 즐거운 인생으로 가는 가장 빠른 길이다.

이 책을 읽으면서 내게도 한 번쯤은 운명처럼 불어닥칠 불꽃 사랑을 기대하고, 살아 있는 순간순간에 감사할 수 있길!

모든 순간마다 함께해주시는 나의 하나님, 늘 기도해주시는 부모님, 그리고 내 글에 에너지가 되어준 〈최화정의 파워타임〉과, 가까이서 폭풍 응원을 보내주는 변정원 피디와 미진, 은주 작가에게 고마움을 전하고, 추천 글로 힘을 실어주며 언제나 든든한 후원자가 돼주는 최화정 씨께도 사랑을 보내며, 씨엔블루의 정용화, 아이유, 인피니트의 성규, 박재범 군, 그리고 마지막 편집까지 애써주신 책만드는 집에게도 감사함을 전한다.

2012년 여름
김은선

### 차례

작가의 말 · 004

## chapter 1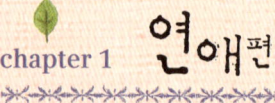

겉만 보고 판단하면 큰 코 다치는 남녀 심리 · 012
그 여자의 이별, 그 남자의 이별 · 013
첫 사귐 기술 · 014
연애할 때 상처 되는 말 · 015
그 남자 그 여자가 싱글인 이유 1 · 016
그 남자 그 여자가 싱글인 이유 2 · 017
많이 사랑할수록 많이 싸운다 · 018
이것만은 지켜주자 · 019
제 눈의 안경 · 020
영화 같은 재회, 흔치 않다 · 021
이것만은 용서 못 해 · 022
사랑과 우정 사이 · 023
제일 먼저 떠오르는 사람 · 024

사랑은…… 그런 거다 · 025
남자들이 좋아하는 여자 · 026
지루한 상대는 매력 없다 · 027
그 사람에게 차이고 싶다면 · 028
남녀 심리 완결편 · 029
장난꾸러기 그대, 혹시 매력남? · 030
남녀가 사귈 때 나타나는 속성들 · 031
유혹에 흔들리는 남자들의 심리 · 032
가까울수록 더 챙겨줘야 한다 · 033
여자는 깊게 보고 남자는 멀리 본다 · 034
때론 영화 속 주인공처럼 · 035
아까운 그 여자, 그 남자 · 036
쿨하지 못해 미안해 · 037
사랑 때문에 울어본 적 있는가? · 038
애정이 있어야 싸울 열정도 있다 · 039
연애는 타이밍이다 · 040
작업의 모든 것 · 041

여자들이 좋아하는 남자 스타일은? · 042
나를 바꾸는 데는 한 시간도 길다 · 043
오래가는 연애에는 적당한 양념이 필요하다 · 044
짜릿한 감동은 사소한 것에서 온다 · 045
등잔 밑이 어두운 법이다 · 046
섣부른 장담은 금물 · 047
사랑할 때 참으면 본전은 건진다 · 048
오늘은 샐러드 기념일 · 049
진심은 한 곳에서 만난다 · 050
아끼고 아끼다가 후회한다 · 051
내 연인이 무서울 때 · 052
연애할 때 밀당 · 053
반짝반짝 빛났던 그때를 기억해라 · 054
민얼굴이면 뭐 어때? · 055
마음은 몸까지 병들게 한다 · 056
이런 남자…… 사랑해도 좋다 · 057
편한 걸 추구하는 심리 · 060

헤어짐은 늘 익숙지 않다 · 061
가리는 게 많으면 반할 수가 없다 · 062
첫눈에 반한 그 사랑, 한 번쯤 믿어보자 · 063
궁금하다 꾀꼬리 · 064
비가 내리고 음악이 흐르면 · 065
뜻대로 안 되는 게 사랑이다 · 066
반전의 매력 · 067
마음으로 통하는 길은 대략 비슷하다 · 068
사랑은 99%의 노력과 1%의 인연 · 069
사람 마음은 수학 공식이 안 통한다 · 070
모든 건 나에게 달렸다 · 071
이런 사람만 있으면 얼마나 좋을까? · 072
매일 특별한 날을 만들어라 · 073
그때그때 즐기자 · 074
빈틈이 보이는 상대에게 끌린다 · 075
나쁜 남녀 감별법 · 076
깨져야 할 연애 법칙 · 077

# chapter 2 생활 편

생각의 각도를 1도만 바꿔도 멋진 선물이 온다 · 080
싱글을 즐기는 사람들 · 081
인간에 대한 유통기한은 필요한가 · 082
단 한 번뿐인 순간이 · 083
환경이 맛을 결정한다 · 084
'어쩌면 다 잘될 거야'가 다 잘되게 한다 · 085
흔들릴 때가 좋을 때다 · 086
넘어질 때가 뛸 때다 · 087
인생은 O, X가 아니다 · 088
삶의 기본이 되는 2% · 089
10년 뒤의 내 모습은? · 090
난 못 할 게 없어 · 091
친절은 되돌아온다 · 092
생각하는 순간 행복해지는 것들 · 093
좋은 관계란 · 094
그대의 향기 · 095
나와의 약속 이행 지수는? · 096
기대의 과부하는 실망 · 097
모든 것은 나를 위한 것이어야 한다 · 098
유전자는 정직하지 않다 · 099
당신은 더 괜찮은 사람일 수 있다 · 100
단 하루를 살아도 불꽃처럼 · 101
먹으면서 풀어라 · 102
어른의 자격 · 103
낙천적인 성격이 재벌이다 · 104
쉬워 보여도 쉽지 않은 것이 삶이다 · 105
지금의 최악은 최선으로 가는 과정 · 106
숨은 내공이 있어야 단순해진다 · 107
단순한 결심이 운명을 결정짓는다 · 108
오늘이 가장 특별한 날이다 · 109
불운과 대박은 반 끗 차이도 안 된다 · 110
우리에게 정말 필요한 것은? · 111
진정한 새로움은 우리의 가슴속에 · 112
즐겁게 살기 위한 무겁지 않은 다짐들 · 113
먹구름 뒤에 햇살이 더 많이 모여 있다 · 114
길은 어디로든 열려 있다 · 115
마음을 바꾸는 게 더 빠르다 · 116
욕심을 버려야 행복해진다 · 117
마음이 동할 때 움직여라 · 118
용기와 오기 그리고 포기 · 119
되는 것부터 하면 된다 · 120
하루라도 달라지자 · 121
기억하고 싶은 순간들을 떠올려라 · 122
내가 한 만큼만 돌려받는다 · 123
웃어야 복이 온다 · 124
변화를 즐겨라 · 125
가끔은 느슨해질 필요가 있다 · 126
혼자라도 괜찮다 · 127
지금 바로 시작해라 · 128
가볍게 살자 · 129
좋은 습관이 생활을 좌우한다 · 130
내가 하는 걱정 남도 똑같이 한다 · 131
그 사람의 취향을 닮고 싶은 심리 · 132
꿈을 꾸면 동안이 된다 · 133
나 자신의 재발견 · 134
남의 떡이 커 보이는 법이다 · 135
세상은 돌고 도는 것이다 · 136

내 편을 만드는 법 · 137
인생을 살아가는 세 가지 방법 · 140
기본을 잊지 말자 · 141
이런 나이고 싶다 · 142
기다려야 온다 · 143
극단적인 것은 독이다 · 144
성공한 인생이란 · 145
진짜 능력이란 · 146
당신도 리더감? · 147
세상을 바꾸는 힘 · 148
최선으로 가는 길 · 149
진심을 읽는 법 · 150
무엇을 하든 조급해하지 마라 · 151
마지막 한 번이 인생을 바꾼다 · 152
작은 것을 무시해선 안 된다 · 153
반드시 두 번째 기회도 온다 · 154
여행에서 알게 되는 것들 · 155
삶은 무한 반전 · 156
뒷모습은 거짓말을 하지 않는다 · 157
스트레스 탈출법 · 158
우연 같은 기적도 노력이 필요하다 · 159
바쁠수록 여유를 가져라 · 160
무뎌지는 게 나쁜 것만은 아니다 · 161
지금이 가장 잘할 때다 · 162
미의 기준은 내 맘대로 · 163
프로와 아마추어의 차이 · 164
입장 바꿔 생각하기 · 165
주는 기쁨 · 166

끝까지 가봐야 안다 · 167
모든 건 시간이 해결해준다 · 168
걱정한다고 달라지는 건 없다 · 169
말하지 않아도 그냥 통하는 사이 · 170
한 번 꼬이면 다 꼬인다 · 171
상대의 마음을 바꾸는 사소한 감동 · 172
어른이 된다는 건 · 173
프로로 가는 길은 평탄하지 않다 · 174
인간관계는 의외로 간단하다 · 175
간격은 지키면서 외롭지 않게 · 176
멋지게 나이 들어가는 것 · 177
새 인생이 기다리는 오늘 · 178
천천히 과정을 즐길 줄 알아야 · 179
핑계 대지 마라 · 180
숫자는 이제 그만 · 181
혼자라는 스트레스 · 182
웃을 일이 더 많다 · 183
걱정의 반 이상은 쓸데없는 것 · 184
좋아하는 일에는 밤도 새울 수 있다 · 185
몸과 마음이 원하는 것 · 186
나에게도 장점은 있다 · 187
잠수 타고 싶을 때 · 188
언제나 지금이 내 생애 최고의 전성기 · 189
이젠 버리고 싶다 · 190
순간순간 찾아오는 행복들 · 191

# chapter 1
# 연애편

## 겉만 보고 판단하면
## 큰 코 다치는 남녀 심리

터프한 남자일수록 별거 아닌 일에 더 소심하다.
순하게 생긴 여자라고 다 천사표는 아니다.
인상이 험악해 보이는 남자가 속정은 더 깊을 때도 많다.
얌전한 여자가 결정적일 땐 누구보다 대담하고 당돌하다.
털털해 보이는 남자가 고집은 10년 된 육포보다 더 질기다.
보이는 걸로만 점수 매기다가
좋은 관계 나의 사람을 잃을 때가 얼마나 많았던가!
그래서 사람은 겪어봐야 하고, 이왕이면 그 사람의
좋은 점부터 봐주는 습관을 길러야 한다.
사람은 관계가 오래되면 상대의 단점이 슬슬 보이면서
첫인상의 장점은 잊고 지루해하는 습성이 있다.
그래서 새로운 사람을 받아들이면
잠깐은 이전 사람보다 나은 점이 보일지라도
얼마 안 돼 구관이 명관이라는 사실을 깨닫게 된다.
열린 감성을 100% 활용해서
단점이 보일 때마다 장점을 찾아내는
변신 마인드컨트롤을 해야 한다.

# 그 여자의 이별,
# 그 남자의 이별

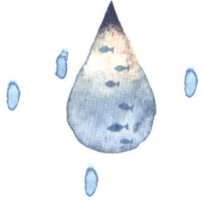

누구는 주말마다 소개팅 건수가 줄줄이 굴비고
누구는 닭살 커플 돼서 행복하다 할지 모르지만
누구는 지금 이 순간 이별의 쓴잔을 마시고 있을 수도 있지 않을까?
가만 보면 남자와 여잔 참 많이 다르다.
여자는 이별하는 순간까지 힘들어하지만
남자는 설마설마한다고 한다.
하지만 헤어진 다음 날엔 여자는 금세 현실로 받아들이고
남자는 인정하지 않는다고 한다.
여자는 지난 시간을 지우려고 하지만
남자는 추억을 모두 갖고 간다.
남자는 이별의 아픔을 술로 달래지만
여자는 더 좋은 남자를 찾아 두리번거리고
남자는 힘들 때마다 여자에게 전화하려 하지만
여자는 휴대폰에서 남자의 흔적을 싹 지워버린다.
여자는 헤어질 때까지 고통의 순간을 보내지만
이별한 남자에겐 미련이 없다는 것!
남자는 쉽게 그녀를 떠나보낼 순 있어도
미련까진 못 보낸다는 것!
은하계부터가 다른 남녀의 심리를 인정하면
남녀의 만남이 좀 쉬워질까.

## 첫 사림
## 기술

첫 만남에 확 끌린다고
연락처부터 꼬치꼬치 캐물으면서 조급하게 굴지 말 것!
스토커 분위기는 남녀 모두를 질리게 한다.
한두 번 만나서 친해졌다고 자기 맘대로 말을 트거나
한두 번 잘해줬다고 바로 연인처럼 구는 남녀는
처음부터 깬다.
약속을 정할 때마다 마지못해 예스 하는 듯한 여자,
처음 만났을 때부터 "뭐 할까요? 어디로 가지?"
일생 묻는 남자도 꽝이다.
친구처럼 편안한 대화로 접근하면서
상대 마음의 동선을 따라가는 것!
첫 만남에서부터 무리 없이 호감을 주는 포인트는
바로 그런 사소한 것들이다.

# 연애할 때
# 상처 되는 말

연애할 때 상대에게 대못 박는 말,
"나니깐 자기 만나주는 거야."
"너랑은 어디 좋은 델 못 가겠다. 네가 창피해."
연애할 때 상대에게 상처 주는 말,
"으응, 그냥 좀 아는 오빠야. 신경 쓰지 마."
"자기야, 나 저 가방 갖고 싶은데…… 못 사주지?"
은근히 비수를 꽂는 말,
"넌 어떻게 볼 때마다 살찌냐?"
아니면, 이모티콘 꽉꽉 채워서 문자를 보냈는데
돌아온 답문이라곤 "엉" 또는 "헐", "아니" 한두 자일 때,
친구 만나러 간다며 나랑 한 약속 취소해버릴 때,
가족이나 친구에게 나의 존재를 숨길 때,
데이트 때마다 동네 슈퍼마켓 가는 복장으로 나올 때……
아픈 말보다 더한 상처다.

# 그 남자 그 여자가
# 싱글인 이유 1

생각해서 소개팅 시켜준다고 할 때마다
"예쁘냐? 키 크냐? 날씬하냐? 착하냐? 돈 많냐?"
조건 따지느라 바쁜 당신,
연애를 포기하는 게 오히려 한 사람을 구제해주는 길이다.
아는 오빠 좀 소개해달라고 졸라서 생각해서 해주면
오늘은 바빠서, 내일은 아파서, 모레는 귀찮아서 싫다는 당신,
화장은 왜 하고, 밥은 왜 먹고, 잠은 왜 자는지…….
내 친구 애인은 변호사인데, 내 후배 남친은 연하에 몸짱인데,
그 언니 남편은 재벌인데, 늘 남의 떡만 커 보이는 당신,
혼자 사는 게 정답이다.
보기엔 멀쩡하고 심지어 인기까지 있는데
특별한 날 늘 방콕 하는 남녀,
혹시나 더 좋은 사람 나타나지 않을까
오는 사람 다 놓치고 주말마다 방바닥 긁는 당신,
전화 통화하는 여동생들은 많아도
딱 한 명 사귈 그녀를 대라면 눈만 껌뻑이는 풍요 속의 빈곤남!
알고 보면 가슴 한구석엔 상처가 두려워 선뜻 다가서지 못하는
트라우마가 자리 잡고 있을지 모른다.
사랑과 상처는 양날의 칼이다.
상처가 무서우면 평생 혼자 사는 게 맞다.

## 그 남자 그 여자가 싱글인 이유 2

여자들끼리 있을 땐 "어머머 웬일이니? 정말 그랬어?"
애교 부리고 까불면서, 남자 앞에선 심드렁하게
"뭐? 왜? 싫어" 퉁한 여자들. 남자? 안 생긴다.
소개팅에서 외모가 좀 봐줄 만하면 돈, 배경 따지고,
친구가 네 남친 별로라고 하면 시들해지고,
엄마가 뭐라 하면 주춤하는 당신. 연인? 안 생긴다.
내 마음 나도 몰라 줄다리기도 정도껏 해야지,
누가 나를 좋아하면 내가 싫고, 내가 좋아하면 그쪽이 거부하고,
맨날 이러면 여자? 안 생긴다.
동성 친구에겐 애교도 잘 부리면서 이성한텐 톡톡거리고
나이는 먹어가는데 눈은 높아지고,
밤마다 허벅지에 십자수 놓는 시간은 길어가고,
당최 해결이 안 나는 싱글 고수!
원인을 알아야 방법도 찾는다.
나는 왜 연애를 못할까? 왜 아직 애인이 안 생길까?
그 열쇠를 쥐고 있는 건 본인이다.
머릿속에서 이론으로만 누군가에게 빠지고 사랑하는,
당신의 연애 스타일부터 바꿔라.
연애는 실전이고 현실이다.
이유가 많으면 사랑은 멀어져 갈 뿐이다.

# 많이 사랑할수록
# 많이 싸운다

더 많이 사랑할수록 더 많이 싸우고
더 많이 관심 가질수록 더 많이 섭섭한 법이다.
아무리 죽고 못 사는 사이여도 때론 피 터지게 싸우고
때론 못 잡아먹어 으르렁대고
"우리 그만 끝내!" 수없이 등 돌리곤 금세 후회한다.
왜냐, 너무 사랑하니까!
그래서 사랑은 아무도 못 말리는 거다.
오늘도 한판 뜨고 지금 "끝내?" 하고 있는 커플.
무엇 때문에 싸웠는가?
말 한마디 때문에? 전화 한 통 때문에? 오해 아닌 오해로?
아마 남들이 들으면 유치해서 웃어넘길 일로 싸웠을 것이다.
하지만 당사자들에겐 그보다 더 심각한 일은 없다.
그렇지만 어쩌겠는가? 풀고 넘어가야지.
누구든지 먼저 져주면 풀리게 돼 있다.
그게 진짜 이기는 거다!

# 이것만은
# 지켜주자

진정 그 사람을 곁에 두고 싶다면

이것만은 목숨 걸고 지켜줘야 한다.

아무리 폭발할 것 같아도 그녀의 콤플렉스는 건드리지 말자.

아무리 분해도 그의 자존심은 망가뜨리지 말자.

아무리 화가 나도 다른 사람과 비교하며 속 뒤집지 말자.

아무리 의심이 가도 한 번은 더 믿어주자.

아무리 큰 실수를 했더라도 "그 사람 별수 없어!" 단정 짓지 말자.

아무리 당장 끝내고 싶어도 변명할 기회는 주자.

그런데 누구나 다 이론은 훤하다.

그러나 인간인 관계로, 사랑이 죄인 관계로,

이러면 안 되는데, 하면서도 오해하고 돌아서고…….

이게 또 사랑의 비극인 거다.

이론만 내세우지 말고 실천을 한번 해보자!

# 제 눈의
# 안경

쫀쫀한 그 남자, 세심해 보인다.
결벽증 있는 그 여자, 깔끔해 보인다.
가끔씩 무식한 그 남자, 터프해 보인다.
푼수데기 그 여자, 귀여운 개그우먼으로 보인다.
기생오라비 같다고 놀림당하는 그 남자, 영화배우 같다.
누가 봐도 날라리인 그 여자, 넘치는 끼가 매력적이다.
촌티 나는 그 남자, 순수해 보인다.
너무 잘난 공주과 그녀, 지적으로 보인다.
이래서 제 눈의 안경이라고 하나?
못난 나를 이처럼만 생각해주는 그대가 있다면
꽉 붙잡고 절대 놓치지 않을 텐데…….
나보다 더 나를 좋아해주는
그런 사람, 틀림없이 있다.

## 영화 같은 재회, 흔치 않다

예전에 사귀던 사람이 불현듯 떠오를 때가 있다.
한 번쯤 만나보면 어떨까? 영화 같은 재회를 그려보기도 하고
그 사람도 날 한 번쯤은 생각했었을까? 이런 상상도 해본다.
그래서 우연이든 필연이든 만나보는 사람들도 있다.
하지만 만나는 그 순간, 대개는 실망이 크다고들 한다.
머릿속에 있는 그 사람은 예전처럼 우수에 찬 눈빛으로
사랑스런 미소를 머금고 있는데,
막상 만나보면 전혀 아닌 것이다.
현실적인, 계산적인, 그래서 적당히 혼탁해진 눈빛…….
혹시나 잔주름이라도 들키는 게 아닌가.
에어백처럼 장착한 저 허리의 살들은 다 뭐란 말인가!
머릿속에선 온갖 생각이 왔다 갔다, 정신이 없다.
그래서 그 짧은 만남도 불편함으로 숨이 막혀오고,
그러면서 무지하게 후회하는 거다. 그냥 만나지 말걸.
그러고 보면 나만이 간직하고 있는 소중한 환상들은
가만히, 조용히 지킬 필요도 있겠다.
"그 사람은 아마 아직도 날 잊지 못하고 있을 거야."
이런 나만의 환상, 착각, 무너뜨릴 필요는 없다고 본다.
그건 아무도 방해할 수 없는 나만의 것이니까.

# 이것만은
# 용서 못 해

아무리 사랑해도 참아줄 수 없는 행동,
빅뱅의 탑 따라 하겠다고
아이라인 시커멓게 긋고 다니는 남자친구.
아무리 사랑해도 용서 못 할 행동,
청순한 줄 알았던 분홍빛 입술로
육두문자를 화수분처럼 발산하는 여자친구.
아무리 좋아해도 봐줄 수 없는 행동,
슬쩍슬쩍 양다리 걸치는 그녀,
나를 뭐라 하는 건 참지만 우리 가족 흉보는 그 남자.
아무리 하루라도 안 보면 몸살 나는 사이라도
"이것만은 용서가 안 돼" 하는 것들이 있다.
사랑이라는 이름으로도 봐줄 수 없는 게 있다는 건
여자 사람 남자 사람, 인간에 대한 예의가
사랑보다 우선이기 때문이다.

# 사랑과
# 우정 사이

그녀가 술 한잔하자고 전화할 때
"네가 쏘는 거지? 술주정하면 죽는다" 이러면 우정,
"내가 살게. 완전 취해도 돼. 내가 끝까지 책임진다"
이러면 사랑.
그녀가 예쁜 옷 입고 나왔을 때
"야야! 용쓰지 마라. 부담 돼" 이러면 우정,
"우와, 예쁘다! 당장 우리 부모님께 인사드리러 가자"
이러면 사랑.
우리 여행 갈까? 물었을 때
"네가 운전할 거지? 귀여운 후배 좀 데려와" 이러면 우정,
"그래그래. 몸만 와. 내가 다 준비할게" 이러면 사랑.
알면서도 헷갈리고 싶은 사랑과 우정 사이, 그 애매한 경계선!
사랑으로 대시했다가도 저쪽에서 선을 그으면
슬쩍 우정인 척 딴청 피우고,
사랑을 우정으로 착각해도 우정을 사랑으로 착각해도
혼자만의 생각으로 끝내야 하는
사랑과 우정 사이의 잔인한 현실이
실연의 아픔보다 클 때가 있다.

# 제일 먼저
# 떠오르는 사람

재미있는 영화, 공짜 표 생겼을 때
누가 제일 먼저 떠오르는가?
스마트폰 배터리 꽉꽉 충전되었을 때
누구한테 바로 전화하는가?
맛있는 음식, 멋진 곳이 눈앞에 있을 땐
또 누가 생각나는가?
집에서 입는 무릎 나온 트레이닝복에, 새집 머리, 민얼굴,
이런 원초적인 모습으로도 만날 수 있는 사람, 누구인가?
날씨가 반짝반짝거리는 날, 자전거 타러 가자고
손 붙잡으면 금세 따라나설 친구, 누구인가?
여의도에서 대학로까지 말없이 걸어도 지루하지 않을 사람,
누가 있는가?
그리고 나는 누구에게 그런 사람일까?

# 사랑은……
# 그런 거다

방황하는 청춘보다 사랑을 이룬 관계가 더 좋다.
갈등하는 질투보다 용서를 이룬 관계가 더 좋다.
불안한 의심보다 믿음을 이룬 관계가 더 좋다.
사랑이란 것…… 그런 거 같다.
용서하고 싶지만 머리가 팽팽 돌도록 질투 나고
믿고 싶지만 멀미가 나도록 미워 죽겠고
사랑은…… 그런 거다.
지는 노을에 가슴이 싸하게 가라앉는 느낌.
우산 없이 비를 맞고 걷는 기분.
외웠던 문제가 시험에 나왔을 때 그 기쁨.
파란 사과 맛 같은 것.
불 꺼진 방에 혼자 들어갈 때 그 외로움과 두려움.
그럼에도 불구하고 한 번은 이 생명 꺼지도록 해봐야 하는 것.
사랑은 세상에서 가장 눈부신 것이다.

# 남자들이
# 좋아하는 여자

남자들이 좋아하는 여자, 어떤 여자일까?

요리 잘하는 여자, 때론 누나 같고 때론 동생 같은 여자,

자신을 가꾸는 여자, 친절하나 헤프다는 소릴 듣지 않는 여자,

화날 때 참을 줄 알고 기다려줄 줄 아는 여자,

소문에 이끌리지 않고 당당한 여자,

자신의 마음을 솔직히 열어 보일 수 있는 여자,

귀여우면서 재치 있고 따스한 여자,

눈웃음이 예쁜 여자, 자기 철학이 있는 여자,

흔들리는 연인이나 친구를 이해해주고 격려해주는 여자,

자신이 좋아하는 일에 프로가 될 수 있는 여자…….

남자들이여, 그런 여자를 찾으려 할 게 아니라

자기가 만난 여자를 그렇게 변화시키는 게 사랑 아닐까?

# 지루한 상대는
# 매력 없다

수다스러운 사람하고는 살아도
말 안 통하는 사람과는 못 산다.
말 없는 사람하고는 살아도
눈치 없는 사람과는 절대 못 산다.
유머가 뭔지 전혀 이해하지 못하는 사람,
허구한 날 뒷북치는 썰렁한 사람,
빈틈이 너무 없어 완벽한 사람,
이런 사람들의 공통점!
한마디로 따분하다는 것.
함께 있는 사람들에게 지루한 존재가 된다는 건
아무리 생각해도 자존심 상하는 일이다.
프랑스에선 다음과 같은 이유로도 훈장이나
기사 작위를 준다고 한다.
"우리의 일상을 따분하지 않게 해준 그대의 공로를 치하하노라."
같이 있기만 해도 재밌어서
자꾸자꾸 이야기보따리를 풀게 되는 사람,
말은 잘 못해도 흥분하며 거들어주는 사람,
이런 사람이라면 어디서나 환영받지 않을까?

## 그 사람에게
## 차이고 싶다면

남자가 사랑한다는 말 몇 번 했다고
바로 반찬통 싸 들고 가택 방문하고
매니저처럼 스케줄 점검 들어가는 여자,
아마도 차이는 건 시간문제일 것이다.
생긴 게 아무리 멀쩡해도 하는 말마다 썰렁하고
애써 분위기를 잡아줘도 스킨십 한 번을 제대로 못 하는 남자,
얼마 안 가 차이는 건 불을 보듯 뻔하다.
일 때문에 약속 펑크 내고 친구 때문에, 집안일 때문에
그 사람과의 약속을 늘 뒤로 밀어내는 남녀,
안 차이는 게 수상하다.
좀 친해졌다 싶으면 바로 말이 짧아지고,
심하게 편한 복장으로 등장하고,
자기 지갑은 한 번을 안 열고,
아는 이성은 왜 그리도 많은지…….
이런 남녀는 웬만하면 차인다.
그를, 그녀를 잃고 싶다면 이렇게 해도 좋다.

# 남녀 심리
# 완결편

결코 좌절하지도 포기하지도 마라!
내가 원하는 그녀가 다른 남자와 결혼하길 바라는가?
절대 그렇지 않다면 지금 대시해라.
관계가 잘 이루어지길 바란다면 장기적인 안목으로 봐라.
중간에 복병이 생기고 태클이 들어와도 의연할 각오를 해라!
사업이나 건강에만 장기 프로젝트가 필요한 게 아니다.
연애에도 마스터플랜이 필요하다.
원인을 알면 절반은 해결된 셈이다.
아무런 수고 없이 사랑을 얻은 남녀가
세상에 몇이나 될까?
사랑에도 품이 들고 로맨스에는 기술과 내공이 필요하다.
사랑이 당신을 외면할지라도 고백을 하지 않고 후회하는 것보다
고백을 하고 후회하는 것이 훨씬 더 값진 인생 체험이다.
그러므로 포기하지 말 것.

## 장난꾸러기 그대,
## 혹시 매력남?

과거는 아무도 모른다. 특히 어릴 때 말이다.
동네에서 얼마나 소문난 골목대장이었는지
앞집과 뒷집 애들 돌아가며 얼마나 패주고 골려줬는지
장난을 치다 선생님께 불려 가서 두 손 들고
해를 넘긴 적은 얼마나 됐는지, 측근이 아니면 잘 모른다.
그런데 커서 잘된 사람치고
어릴 때 장난꾸러기 아니었던 사람, 별로 없다.
특히 남자들은 그렇다.
눈에서부터 그냥 장난기가 흘러넘치는 사람,
어떻게 보면 어릴 때의 그 천진한 마음이 남아 있는 거다.
그래서 어른 중에서도 짓궂은 장난이 취미 생활인 사람은
혼자서도 잘 놀고, 같이 있으면 더 재밌게 놀아준다.
주변에 친구가 끊이질 않는다.
그런 남자 있으면 확실하게 잡아야 한다.
평생 즐겁게 살 수 있으니까!

# 남녀가 사귈 때
# 나타나는 속성들

머리론 정답이 보이는데 행동에 들어가면
답이 안 나오는 것, 이게 바로 연애다.
남녀가 사귈 때 나타나는 이런 속성들…….
여자는 기다리는 일에 익숙하지 못하지만
남자는 기다리는 걸 당연하게 받아들인다.
여자가 연락을 먼저 하지 않는 건
여러 가지 생각으로 머릿속이 복잡해서 그런 거지만,
남자가 전화를 하지 않는 건 뭐, 별로 내키지 않아서다.
여자는 기다리는 전화가 오지 않으면
이 남자 혹시 바람난 거 아냐?
불안한 상상으로 머리가 아프지만,
남자는 연락이 없으면 무슨 일이 있겠지 뭐……
별생각 없이 넘어간다.

# 유혹에 흔들리는
# 남자들의 심리

미국에는 '애인 신뢰도 조사업'이란 사업도 있다고 한다.
의뢰인의 애인이나 배우자를 유혹해보는 아슬아슬한 사업이다.
가령 예쁜 여자가 의뢰인의 상대를 유혹하는 것이다.
그리고 소형 녹음기에 데이트 과정을 다 담는다.
근데 재밌는 건, 남자들은 거의 다 유혹에 넘어가지만
여자들은 그런 허튼 수작에 넘어가지 않는다는 것이다.
도리어 따끔하게 혼까지 내준다. 대단한 여자들 아닌가?
여자들은 의심은 좀 하지만 지조는 있다는 것이다.
남자들은 단순 솔직하지만
유혹 앞에서 본능적으로 흔들린다는 것이다.
그래서 연애할 땐 여자들이 더 푹 빠져버리나 보다.
연애란 게 그렇다.
때론 의심도 하고, 질투도 하고, 추궁도 하고,
이러면서 애를 태워야 애정도 더욱 불붙는 게 아닐까?
지나치게 편안한 사랑, 이게 오히려 더 불안한 건 아닐까?

# 가까울수록
# 더 챙겨줘야 한다

살다 보면 가까운 사람일수록
섭섭한 마음이 들 때가 많다.
문제는 가깝다는 이유 때문에 가슴이 쓰려도 말을 못 한다.
다른 여자들에겐 "미인이시군요, 오늘 의상 끝내주네요"
접대용 멘트 잘도 날리면서 정작 자기 여자친구는
머리를 볶았는지, 빨간색 매니큐어를 칠했는지
전혀 관심도 없을 때, 이 남잘 뭘 믿고 만나나 싶은 생각이 든다.
다른 사람들에겐 살살거리면서 친절하게 대하는 친한 친구가
꼭 나만 만나면 당연하다는 듯이 인사조차 안 하고
투명인간 취급을 할 때, 자주 보니까 저렇겠지 하면서도
은근히 서운한 감정이 쌓인다.
어쩌다 있는 회식 자리, 바빠서 불참한다고 말해도
아무도 붙잡지 않고 이유조차 묻지 않을 때,
아니, 바쁠 테니까 늦기 전에 빨리 가라고 등까지 떠밀 때,
다신 이 사람들하고 차 한잔이라도 마시나 봐라, 삐치게 된다.
가까워서 잘해주고 싶은 게 마음만은 아니었으면 한다.
무늬만 친구고 무늬만 사랑인 건 가까울수록 더 위험하다.

## 여자는 깊게 보고
## 남자는 멀리 본다

여자는 깊게 보고 남자는 멀리 본다.
남자는 경험에 의해 여자를 알지만 여자는 본능적으로 남자를 안다.
기본적으로 남녀가 다르다는 건 인정하면서도
살다 보면 정말 별별 사람 다 있다는 생각이 든다.
주는 거 없이 미운 사람, 받는 거 없이 괜히 좋은 사람.
몸은 가는데 마음은 안 가고, 마음은 굴뚝인데 몸이 안 가고,
마음과 몸은 다 가는데 머리가 안 가고 말이다.
특히 남녀 관계는 생각과 행동, 이론과 실기,
따로국밥이지 않은가?
만약 헤어지는 연인을 위한 '미래 재회 통장' 같은 걸
개발하는 은행이 있다면 아마도 큰 인기를 끌지 모른다.
그만큼 별일 아닌 일로 이별하는 남녀가 많으니까.
헤어지고 나면 한 번쯤은 후회하는 마음이 든다.
그 말만은 하지 말걸. 기왕에 봐주던 거 한 번 더 봐줄걸.
하지만 이미 깨진 거울…….
어떤가, 당신은? 치열한 '장미의 전쟁' 중이신가?
사랑한다는 이유만으로 너무 쉽게 상처를 주는 건 아닌가?
그 상처가 부메랑처럼 자신에게 되돌아올 수도 있다는 사실,
절대 잊지 말길!

# 때론
# 영화 속 주인공처럼

벚꽃 흩날리게 하는 간지러운 봄바람처럼
소박한 개나리의 함박웃음처럼
샤갈의 포근한 색채처럼
가끔은 그렇게 살며시 사랑하고 싶다.
감탄, 설렘, 희망, 사랑, 감정의 공유, 의심, 애정 확신!
일곱 단계 '사랑의 감정 변화'를 설파한
'스탕달의 연애론'처럼
가끔은 그렇게 대단하게 사랑하고 싶다.
햇살이 창문 틈으로 눈부시게 들어올 때
사랑한다고 고백하는 영화 속 주인공처럼
새빨간 립스틱을 뺨에 짙게 찍어주며
"널 사랑한다는 표시니까 절대 세수하면 안 돼!"라고 확인하는
손발 오그라드는 연인들처럼
가끔은 그렇게 유치하게 사랑하고 싶다.
브레이크 없는 자동차처럼 가끔 그렇게
멈출 수 없는 사랑을 기다린다.

# 아까운 그 여자,
# 그 남자

마냥 착하기만 해서 답답했던 그녀,
결국 화끈하게 잘 노는 여자로 체인징 파트너 해보면,
예전 여자친구의 한결같은 수발이 그립다.
예쁜 얼굴에 공주병, 고집까지 센 못된 그녀라서 포기했는데,
다른 여자 아무리 만나봐도
당최 그녀의 미모만큼 끌리지 않는다.
날마다 너무 구속하는 것 같아 헤어진 그 남자,
이게 웬걸, 지금의 새 연인은 무관심이 바닥을 친다.
아까워라! 구관이 명관이구나.
그땐 몰랐는데 지나고 보니 대어였어.
그땐 왜 과분한 걸 몰랐을까?
왜 나만 사랑해주던 그 맘을 몰랐을까?
그런 사람 다신 못 만날 것 같은데…… 한 번 더 붙잡아볼걸.
종종 내 가슴을 흔들어놓는 아쉽게 놓친
아까운 그 여자, 그 남자가 떠오르는 날이 있다.
나이가 들수록 그런 순간이 더 많아진다는 게 비극이다.
그래서 있을 때 잘해야 하고
지금 곁에 있는 그 사람에게 올인해야 한다.

# 쿨하지 못해
# 미안해

헤어진 그녀에게 쿨한 척 안부 문자 한 줄 보내놓고
답장 올까 노심초사. 그러다가 답장 안 오면
"그래, 네가 그렇지. 벌써 딴 놈 생겼겠지!"
당장 전화해서 그렇게 살지 말라고 한다.
이별은 쿨할 수가 없는 거니까.
"한 번만 용서해줘, 응? 제발 한 번만! 진짜 잘할게!
다신 안 그럴게! 나 버리지 마, 제발……."
헤어지자는 그녀에게 말할 틈도 안 주고
치맛자락 붙잡고 늘어지며 느낀다.
'그래, 난 쿨하지 못한 남자였어.'
쏘 쿨하게 "좋아, 헤어져"라고 말하고 싶지만
이별 앞에선 그럴 수 없는 마음.
어떻게든 매달리고 술 취한 척 전화하고,
이별 앞에 구질구질 지질했던 순간이 누구에게나 있다.
지나고 나면 쿨하지 못해 죽고 싶은 시간들.
하지만 그런 순간조차도
내 사랑이라는 역사의 한 페이지인 것을…….

# 사랑 때문에
# 울어본 적 있는가?

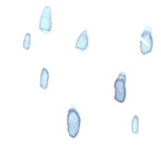

그 사람의 빛나던 웃음에 한순간 아찔해보지 않은 사람,
사랑을 말하지 마라!
그 사람과 밤새워 했던 얘기를 밤새워 생각해보지 않은 사람,
사랑을 말하지 마라!
그 사람이 했던 첫 고백을 천 번 이상 되새기지 않은 사람,
사랑을 말하지 마라!
그 사람이 좋아하던 음악이 흐를 때 눈 감고 울어보지 않은 사람,
사랑을 말하지 마라!
그 사람이 보고 싶어서 죽고 싶다는 생각을 해본 적이 없는 사람,
사랑을 말하지 마라!
그 사람의 이름을 술에 취해 잠들기 전까지 불러보지 않은 사람,
사랑을 말하지 마라!
사랑이 떠나간 자리엔 늘 그리움의 자리가 더 크다.
하지만 그 자리, 그대로 남겨두고 싶다.
다만 새로운 사랑이 눈치채지 않도록
환한 웃음 속에 감춰둘 것이다.

# 애정이 있어야
# 싸울 열정도 있다

사랑할 땐 하루해가 너무 짧고
신혼 초엔 같이 있는 게 좋아서 날 새는 줄 모른다.
그런데 이때를 넘기면 "으이구, 내가 어쩌다 저런 사람을 만났나"
회의가 들 때도 있을 것이다. 일종의 권태기다.
연애할 때도 그렇다. 길들여져서 오래된 연인이 돼버리면
만나는 것도 말하는 것도 무덤덤, 별로 감동받을 일이 없다.
도쿄에선 매년 10만 명의 직장인들이 어디론가 사라진다고 한다.
일상의 권태로움을 이기지 못해서 멀리 떠나고,
아예 성도 이름도 바꿔버리고, 인생의 신장개업을 한다고 한다.
사랑할 땐 오죽하겠는가!
싫증 나면 변화를 주고 싶고 새 사람도 만나고 싶을 것이다.
그래서 애인과 별일 아닌 걸로 하루가 멀다 하고 싸우고
헤어지네 마네 하며 울고불고 해도,
차라리 그때가 사랑이 뜨거울 때란 생각이 든다.
애정이 있으니까 싸울 열정도 있는 게 아닐까?

## 연애는
## 타이밍이다

요즘 들어 그녀가 유독 소개팅 좀 시켜달라 보챈다면?
그녀는 외롭다…….
그럴 때라면 살짝 정색하며 묻는다.
"나는 어때?" 상대는 흔들린다.
그 사람이 요즘 통 말이 없다면, 문제가 생긴 게 확실하다.
그렇다면 하루 날 잡아 넌지시 말한다.
"무슨 고민 있어? 한잔 사줄까?" 상대가 혹한다.
그녀의 생일이 다가올 때쯤 문자를 보낸다.
"생일날 밥 먹자!" 약속이 있다고 하면 다시 보낸다.
"그럼 선물이라도 받아." 그녀는 살짝 두근거린다.
그가 유난히 외로워 보일 때, 그녀가 왠지 고민 있어 보일 때,
그 사람이 갑자기 아프다고 할 때,
그날따라 날씨가 사람 마음 싱숭생숭하게 할 때,
뜻하지 않은 술자리에서……
절호의 순간은 언제 어떻게 올지 모른다.
대개의 선수들은 이런 타이밍에
적시타를 날리는 기술을 가지고 있다.
당신의 연애는 결정적 타이밍이 도와줄 것이다.
남들이 놓치는 틈새 타이밍이 곳곳에 숨어 있다.
그걸 잡아라.

# 작업의
# 모든 것

여자는 사소한 것에도 울컥 감동한다.
어느 날 불쑥 한 줄의 문자 메시지,
한 잔 술에 달콤한 고백으로 로맨틱 감동을 노려라.
"어머, 살 빠졌나 봐요?"
"우와, 멋지시다."
"오, 머리 했나 봐요?"
관심과 칭찬을 은근하게 자주 던져라.
작업 기술은 의외로 단순한 데 있다.
연애는 밀고 당기기가 포인트!
무작정 들이대면 멈칫, 한 걸음 물러선다.
우물쭈물 망설여도 그녀가 포기한다.
믿음을 못 주는 사람은 매력도 없으니까.
순간순간 타이밍을 잘 잡아야 한다.
작업에 왕도는 없다.
아무리 연구하고 분석해도 이론과 실제는 다르다.
실전에 뛰어들 용기를 내라.
그래야 사랑을 획득할 수 있다.

# 여자들이 좋아하는 남자 스타일은?

여자들이 좋아하는 남자! 남자라면 한 번쯤 생각해봤을 텐데,
여자들은 '특별한 남자'를 좋아한다.
단, 평범함 속의 비범함 같은 특별함이라는 것, 그게 포인트다.
뭔가 있어 보이는 분위기 끝내주는 남자,
알고 보면 아무것도 아니어도 일단은 끌어들이는 힘이 있다.
오래 신어 편안한 구두 같은 남자,
번뜩이는 재치와 유머로 같이 있으면 즐거운 남자,
여자들이 높이 쳐주는 특별한 남자다.
또한 남자들 세계에서만 볼 수 있는
끈끈한 의리가 묻어나는 남자,
여자들이 특별하게 봐주는 남자들이다.
그런가 하면 오빠 같은 남자, 설령 연하라도
왠지 어른스럽고 지적 성숙미가 흐르는 남자, 달리 보인다.
여자들은 또래 남자를 자기보다 어리게 보는
경향이 없지 않지만,
나이가 어려도 오빠 같은 이미지를 가지고 있다면
그것이 오히려 색다른 매력으로 다가온다.
이런 남자, 특별하게 끌린다.

# 나를 바꾸는 데는
# 한 시간도 길다

할까 말까 망설이며 버리는 그 시간에
무조건 시작하면 된다.
2주만 참으면 석 달은 금세고,
3년의 고생이 평생을 웃게 한다.
처음 만나는 짧은 시간이 인맥의 기초이며
좋은 인간관계는 줄지 않는 재산이 되어준다.
하면 되고, 티끌 모아 태산이며,
그래서 좌절은 하지 말아야 한다.
그의 사랑이 간절하면 기다리지 말고
손 내밀어 고백하는 게 빠르다.
나를 바꾸는 데에는 한 시간도 길다.

# 오래가는 연애에는 적당한 양념이 필요하다

오래가는 연애에는 적당한 양념이 필요하다.
말만 하면 다 퍼주는 사람보단
한 번씩 튕겨주는 그 모습에 바짝 다가가게 되고,
밑도 끝도 없이 나쁜 남자보단
어쩌다 챙겨주는 한 번의 배려에 끌리고,
낯선 이성의 트위터 멘션 한 줄과
아무리 울려도 받지 않는 전화 한 통이
당신의 질투심을 살살 긁을 것이다.
사랑을 완성하는 양념 같은 소품들을 무시하지 마라.

# 짜릿한 감동은
# 사소한 것에서 온다

내게 만약 연인이 생긴다면……
불쑥 무릎 꿇고 "내 아를 낳아도"라며
겁 없이 프러포즈하고 싶다.
집으로 초대해 촛불 켜고 저녁 식사 하며
맛있는 반찬을 밥 위에 얹어주고 싶다.
외로워 보일 땐 뒤에서 꼭 안아주고 싶다.
피곤해 보일 땐 향기로운 샴푸로 거품 내서
부드럽게 머리를 감겨주고 싶다.
여럿이 식사할 때 둘이서만 테이블 밑으로 발장난 치고 싶다.
마음이 아파 보일 땐 말없이 두 손을 꼭 잡아주고 싶다.
우리가 원하는 건
어쩌면 이보다 더 사소한 것일지도 모른다.

# 등잔 밑이
# 어두운 법이다

젊어선 한눈에 뿅 가는 외모에 홀리고
조금 나이 들면 이왕이면 경제력도 은근히 기대하게 되고
좀 더 철이 들면 대화가 통하는 사람을 찾게 되는 게 사람 마음이다.
왜 그런 거 있지 않은가?
아무리 남 보이기엔 잘나가는 킹카고
웬만한 조건은 다 갖췄더라도 통하는 그 무엇이 없으면
절대 가까워질 수 없는 것 말이다.
그런 걸 두고 "필이 통해야 같이 논다"
이런 말을 하는 거다.
끼리끼리 만난다는 거, 맞는 말인 것 같다.
그런데 수준이 맞고 대화가 통하는 사람을 만나는
제일 빠른 길은 반경 10미터 이내에 있는 사람 중에서
찾는 게 아닐까 싶다.
사람 맘이란 게 간사해서 눈앞에 있는 것엔 별 흥미가 없는데,
원래 등잔 밑이 어두운 법이고
손이 닿는 곳에 숨겨진 보석이 있게 마련이다.
자주 만나고 자주 보지 않는데, 어떻게 대화가 통하겠는가?
지금 주위를 둘러봐라. 분명 통하는 사람이 있을 것이다.

# 선부른 장담은 금물

쳤다 하면 안타에 홈런, 잘 때리는 야구 선수들이 하는 말!
"투수의 공을 끝까지 보고 나서 때리면 안타다!"
정신과 의사가 제일 먼저 하는 치료!
"환자의 말을 처음부터 끝까지 다 들어주면 된다!"
그러다 보면 왜 왔는지 캐묻지 않아도 스스로 문제를 말하고
해결할 방법까지 찾아낸다는 것이다.
좋아서 죽고 못 사는 남녀 사이도 그렇다.
끝은 아무도 모르는 거다.
결혼식장에 누구 팔짱을 끼고 들어가는가는 끝까지 가봐야 안다.
프로들은 그렇다고 한다. 시작하면서 끝을 무시하지 않는다고.
아무 때나 방망이를 휘두르지 않고,
아무 때나 말꼬리를 탁탁 끊지 않고,
아무 때나 그 사람은 "내 거야"라며 장담하지 않는다고 한다.
당신은 어느 쪽인가?

## 사랑할 때 참으면
## 본전은 건진다

술만 들어가면 이판사판, 솔직하게 털어놓는
과거 연애지사 때문에 술 깨면 머리카락 잡아 뜯으며
후회한 적이 얼마나 많았던가!
취중이라도 옛사랑 얘기는 제발 참아야 한다.
취중 농담은 무죄? 천만에다.
두고두고 꼬투리 잡히기 좋은 먹잇감이
술 취해서 말하는 과거사다.
화가 나면 전화를 확 끊어버리는 습관도 참아야 한다.
한 번 일방적으로 끊기 시작한 버릇이
두 번이 되고 세 번 네 번 반복되면
그것 때문에도 헤어질 수 있는 게 남녀 관계다.

# 오늘은
# 샐러드 기념일

나에겐 별 볼 일 없는 날도
다른 사람에겐 뭔가 특별한 의미가 있는 날일 때가 있다.
기념일이라는 건 만들기 나름이다.
강철왕 카네기는 이런 말을 했다.
"여자는 기념일을 중요하게 여긴다. 하지만 남자는 그걸 모른다."
성공한 다음 뒤늦게 이 사실을 깨달은 카네기는
아마도 굉장한 애처가가 됐을 것이다.
일본에선 한때 『샐러드 기념일』이란 책이 불티나게 팔렸다.
거기 보면, 이런 글이 나온다.
문득 그대를 생각하는 몇 초,
샐러드 좋아하는 그대를 생각하며 차리는 식탁,
"이거 맛있는데?"라고 그대가 말했으므로 오늘은 샐러드 기념일!
그러니까 "오늘 된장찌개 끝내주는데?" 이렇게 치켜세우면
그날은 또 된장찌개 기념일이 되는 것이다. 간단하다.
그 사람과 처음 스파게티 먹은 날, 그날은 스파게티 기념일!
오늘은 『절망에 대해 우아하게 말하는 법』이란 책을 읽었으니까
'나의 우아한 날' 이렇게 만들면 되는 것이다.
기념일이란 건 그런 것이다.
단지, 서로가 좀 더 소중해질 수 있는 계기를 만드는 것이다.

# 진심은
# 한 곳에서 만난다

한 번만 더 마음 주면 두 배로 좋아진다.
무관심보다는 관심 있는 비판이 낫다.
한 마디 비난보단 열 마디 충고가 더 애정이다.
잔인한 충고보단 빈말이라도 칭찬이 약이다.
입바른 칭찬보단 이해해주는 게 더 힘이다.
그냥 이해하는 것보단, 진심으로 사랑해주는 게
더 울컥하게 한다.
세상이 온통 의심투성이라도
진심은 결국, 한 곳에서 만난다.

## 아끼고 아끼다가
## 후회한다

나에게는 세상에 둘도 없는 귀한 거라서
아끼고 아끼다가 후회한 적 있지 않은가?
내 연인, 누군가의 손이라도 탈까 봐
안절부절 간섭하다가 그녀가 떠나고 나서야 가슴을 치고,
새로 산 휴대폰에 흠집이라도 날까 봐 벌벌 떨다가
정작 중요한 연락은 까먹기 일쑤고,
평생 고마운 그 사람, 좀 더 성공해서 은혜를 갚아야지 하다가
영영 짧은 인사조차 할 기회를 놓친 때가 있지는 않았는가?
소중한 걸 아껴뒀다가 특별한 날에 쓰려고 하지 마라.
때를 놓치면 가치도 함께 잃기 십상이다.
그래서 날마다 특별한 날이어야 한다.
평생 단 한 번 오는, 하루뿐인 오늘이니까!

# 내 연인이
# 무서울 때

적당히 술에 취한 그녀의 볼은 발그레하니 예쁘다.
하지만 그녀의 입에서 "오빠, 달려! 마셔!" 하는
소리가 나올 땐, 아 좀 무섭다.
친구 부탁에 억지로 끌려 나가 몰래 소개팅을 했는데
바로 다음 날 그녀의 한마디, "어제 좋았냐?" 헉, 완전 무섭다.
피 터지게 싸우고 독한 말은 다 했는데도 눈물 한 방울 안 흘리고
"좋아. 오늘 밤새워 보자" 하며 눈 하나 까딱 않는 그녀,
진짜 독하다!
아무리 순한 내 연인도 눈 한번 부릅뜨고, 입 한번 다물면
간담이 서늘해질 때가 있다.
사랑의 시작은 어쩌면 내가 세상에서
제일 무서워지는 누군가가 생기는 시점일지도 모른다.

# 연애할 때
# 밀당

초반에는 뻔질나게 안부 전화 하다가,
넘어왔다 싶으면 일주일 동안 잠수 타고 전화기도 꺼놓는
그녀는 대놓고 밀고 당기기 선수다.
"보고 싶어. 사랑해"라는 말에 "나도"라고 답은 하지만
절대 먼저 그 말은 하지 않는 새침녀.
대신 볼에 살짝 뽀뽀해주는 그녀는 밀고 당기기 선수다.
이성들 많은 데선 눈길조차 안 주며 튕기지만
전화해서 "뭐 해?" 물으면 "자기 생각 하고 있었지"라며
귀여운 목소리로 반기는 그녀는 밀고 당기기 선수다.
아무리 예습 복습 철저히 해도 실전에선 맥없이 무너지며
일생 헛다리만 짚는다면,
연애할 때 밀고 당기는 기술 보완이 필요하다.

# 반짝반짝 빛났던
# 그때를 기억해라

작은 우산 속에서 어깨를 부딪치며 눈물겨웠던 적, 있는가?
잠을 설친 하루여도 기분만은 상쾌했던 적, 있는가?
없는 줄 알면서도 오가는 사람들 속에서
누군가를 열심히 찾던 그때,
이른 아침부터 걸려오는 모든 전화를 내가 받아야 했던 그때,
지각할 줄 뻔히 알면서도 꽃단장하느라
거울 앞을 못 떠나던 그때,
라디오에서 흘러나오는 모든 노래가 내 노래이던 그때,
자꾸만 떠오르는 그 얼굴에 웃음을 참지 못하던 그때,
갈팡질팡 흔들려도 그 혼란스러움이 달콤했던 그때,
반짝반짝 닦은 구두가 날개였던 그때.
누구나 생각해보면 빛나던 그때가 있을 것이다.
잘못 걸려온 전화에도 행여나 했던 그때!
그래, 힘들 땐…… 너무나 행복해서 믿어지지 않던
그때를 떠올려 보는 거다!

## 민얼굴이면
## 뭐 어때?

주말에는 특별한 약속이 없어도 감기약을 먹은 듯한
나른함과 가슴 두근거림이 조금은 있다.
매일이 주말 같다면,
오늘이 바로 당신의 주말이라고 믿고 싶다면
일단은 높은 하이힐과 답답한 넥타이에서 도망쳐라.
매일 두꺼운 파운데이션으로 겹겹이 포장했다면
한 달에 한두 번은 민낯으로 오해받을 투명 화장으로 견뎌봐라.
처음엔 낯설어하던 친구들도 자연 친화적인 당신의 모습에,
원초적인 당신의 반전에 손을 들어주며 같이 동참할지도 모른다.
매일 혹사당하고 있는 피부도 숨을 쉬게 해줄 필요가 있으니까.
민얼굴도 습관 되면 오히려 편하다는 2030이 늘고 있다.
역시나 21세기는 내추럴이 아이콘!
주말이라도 두꺼운 화장을 벗어라.
당신의 마음엔 파스텔 톤 화장을 해주고.
그 마음을 제대로 읽을 줄 아는 그 사람이 곁에 있다면
진정한 힐링타임 아닐까!

## 마음은
## 몸까지 병들게 한다

목 속에서 무언가 자꾸 걸린 것 같은 증상이 계속될 때가 있다.
아무 일도 생기지 않았는데 지속적으로 그렇다면
어쩌면 힘들었던 추억들이 아직 소화가 안 된 것인지도 모른다.
어쩌면 그를 잊지 못한 증상일 수도 있는
화끈거리는 목 속의 부담감.
이렇듯 마음은 몸을 병들게 만들 수 있다.
몸의 건강검진보다 마음속 추억부터 치료하는 게
더 급할지 모른다.
마음이 아프면 몸까지 아프니까.
그래서 잊고 싶은 추억들은 공동구매처럼 공동판매해서
조금씩 나눠주고 싶다.
아픈 기억이 가벼워지게…….

# 이런 남자……
# 사랑해도 좋다

한 번도 사랑 때문에 아파보지 않았다는 남자!
사랑을 시험하려는 남자!
이런 남자, 사랑받을 자격도 없다.
떠나려는 여자를 용기 있게 붙잡는 남자!
담배 피우지 말라고 잔소리하면 하루는 꾹 참을 줄 아는 남자!
이런 남자, 사랑해도 좋다.
위험한 남자와 좋은 남자, 과연 어떻게 다를까?
웬만하면 여자한테 져주는 마음이 넓은 남자!
백만 번의 말보다 한 번의 행동으로 보여주는 남자!
어떤 주제로든 대화가 되는 남자!
좋은 남자 1순위다.
하지만 툭하면 여자를 울리는 남자!
무슨 꿍꿍이속이 있는지 당최 모를 남자!
목표라곤 도무지 없는 남자!
일생이 우유부단한 남자!
이런 남자, 위험하다.

기다린다고 생각되면, 마음 약해지는 게
여자의 심리다.

기다린다고 믿어지면, 돌아가고 싶지 않은 게
남자의 심리다.

# 편한 걸
# 추구하는 심리

옷이 아무리 수십 벌 되고
구두가 종류별로 수십 켤레가 되고
예쁜 헤어핀, 신상 귀고리, 멋진 넥타이가
아무리 손 닿는 곳곳에 있어도
이상하게 꼭 하던 것만 하게 되는 것,
왜 그런 게 있지 않은가?
마르고 닳도록 새걸 사도, 하던 것만 하게 되는 심리.
이래서 우리가 편한 것에 대한 마음을
포기하기 힘든가 보다.
사람을 사귈 때도 결국에 가선
편한 사람…… 그것이 진리일 때가 많다.

# 헤어짐은
# 늘 익숙지 않다

그런 속설들이 있다.
애인한테 신발 사주면 애인이 도망간다.
그 신발 신고 월미도에 가면 다시 재결합할 수 있다.
손수건을 주면 이별을 부른다.
비 오는 날 만나면 꼭 헤어진다더라.
애인한테 가방을 사주면 바람나서 도망간다더라.
그래서 예쁜 구두 사주고 싶어도,
손수건 한 묶음 안기고 싶어도,
양가죽 핸드백 폼 나게 걸치게 해주고 싶어도 헤어질까 봐
못 사준다는 구차한 변명을 늘어놓는 사람도 있다고 한다.
그러곤 나중에 갈라섰을 때 후회하는 것이다.
어차피 헤어질 걸 그때 구두나 좋은 걸로 하나 장만해줄걸.
짝퉁 가방이라도 사줬으면 덜 미안했을 텐데……
이렇듯 헤어지는 덴 이것저것 토를 갖다 붙이는 경우가 많다.
그만큼 헤어지는 건 늘 낯설다.

## 가리는 게 많으면
## 반할 수가 없다

사춘기 땐 정말이지 멋모르고 빠졌었다.
공부 못하는 옆자리 짝꿍에게,
멋만 부리는 앞집 누나에게,
인상만 쓰시는 체육 선생님에게.
철이 들어갈 무렵엔 적당히 가려가며 반했었다.
머리가 나쁘면 근육이라도 있든지,
얼굴이 아니면 성격이라도 좋든지,
주머니 사정이 안 좋으면 웃겨주는 재주라도 있든지
세상 물정에 훤해지면 가리는 게 많아서 반할 수도 없다.
다 좋은데 웃을 때 잇몸이 보여서 싫고,
부족한 건 없지만 완벽하지 않아서 망설이고,
나는 괜찮지만 남들이 비웃을까 봐 그만두고.
언제부턴가 우린, 이유가 많아졌다.
하지만 사랑을 부르고 싶다면
웬만한 동요쯤은 무시해야 한다.
세상에서 가장 살맛 나는 일, 사람이 사람한테 반한다는 것!
그 기본은 순간의 본능에 충실한 거니까!

# 첫눈에 반한 그 사랑,
# 한 번쯤 믿어보자

첫눈에 반한 그 '사랑', 한 번쯤 믿어보자!
사랑한다고 속삭일 땐 진심으로 말해보자.
미안하다고 말할 땐 상대방의 눈을 쳐다봐야 한다.
그래야 진심이 전해지니까.
다른 사람의 사랑, 다른 이의 꿈, 비웃지 마라.
그들은 꽤 심각할지도 모른다.
그 사람이 혹 원치 않는 질문을 던지면
웃으며 이렇게 말하면 된다.
"그걸 알고 싶은 진짜 이유가 뭔가요?"
이왕이면 말을 나누고 싶은 사람과 결혼해라.
나이 들면 대화의 기술이 제일 중요하다는 것을
알게 된다고 한다.
사랑을 할 때도 요리를 할 때도 앞뒤 재지 마라.
그럼 맛이 없어지니까.

# 궁금하다
## 꾀꼬리

궁금할 때마다 찾게 되는 인터넷 지식 검색창.
사회 과학 인류 문화 생활 지식 같은 상투적인 것들 말고
가끔은 이런 것들도 사정없이 물어보고 싶어진다.
올 듯 말 듯 헷갈리게 하는 그 사람의 속마음,
매섭게 쳐다보는 상사의 레이저 눈빛의 속뜻,
절친의 문자 메시지에 담긴 무한 말줄임표의 의미도.
무얼 말하는지 나 혼자만 몰래 포털 지식인에게 따져 묻고 싶다.
인간의 속마음 탐색창이 나온다면
지구는 더 행복해질까, 불행해질까?
마음 하나로 천국과 지옥을
하루에도 수백 번씩 오락가락하는 세상에
이보다 더한 우문이 또 있을까!
어쩌면 상대의 마음을 모를 때가 가장 평화로운 때일 것이다.
가끔은 이런 글을 그의 마음에 송신하고 싶다.
"당신의 마음을 모르고 싶어요. 궁금해하지 않을게요."

# 비가 내리고
# 음악이 흐르면

비가 내리면 생각이 많아진다.
음이온은 추억의 감성을 자극한다.
혼자 맞으면 조금은 처량할 수 있지만
둘이 맞으면 추억으로 산화되는 것,
비는 그래서 은근 자극적이다.
비가 내릴 때마다 생각한다.
이 비를 맞으며 누구와 누구는 만나고 있겠지?
누구와 누구는 떠나가고 있을까?
그래서 헤어짐을 뒤로하고 맑고 쾌청한 만남의 날을
기다리게 해주는 것, 비는 그렇다.
기억은 선명해지고 그리움은 더 깊어지는 것, 비는 그렇다.
창밖에선 황사비가 내려도 내 마음에선 미네랄워터가 내리는 것,
커피와 소주를 아주 특별한 맛으로 바꿔주는 마법, 비는 그렇다.
비가 내리고 음악이 흐르면, 당신은 누구를 생각하는가?
가끔은 흐르는 빗물 속에 과거 현재 미래의 모든 시간을
푹 담가보는 것도 심리 치료가 될 듯하다.

# 뜻대로 안 되는 게
# 사랑이다

애인은커녕 이성 친구도 한 명 없다!
이럴 때 행동 수칙!
이성이 몰리는 곳으로 간다.
채팅으로 번개를 노린다.
동호회에 가입한다.
수첩을 뒤져 재고를 확인한다.
물 좋은 곳에서 아르바이트를 한다.
이래저래 다 안 되면, 마음 비우고 자원봉사에 나간다.
오랜 투자 끝에 간신히 찍은 여자!
이럴 때 행동 수칙!
어떤 이유로든 먼저 전화한다.
잠깐 인연이라도 빙자해 말을 건넨다.
그냥 솔직하게 만나자고 한다.
이래저래 다 안 되면, 옆에 있는 친구에게나 더 잘해준다.
세상에서 뜻대로 안 되는 것 두 가지, 돈과 사랑 아닐까?
그럼에도 불구하고 뭐든지 '내 맘대로'는 왠지 시시하다.
뜻대로 안 돼서 애를 태우게 하는 그 무엇,
우리가 사는 이유일 것이다.

# 반전의
# 매력

깎아놓은 밤톨처럼 매끈하고 반반한 외모만
먹히는 세상은 아니다.
외모는 산적 같아도 종종 콩나물 다듬으며
아내에게 해장국을 끓여주는 남자가 끌리는 세상이다.
가끔은 나도 모를 내 마음,
알아서 토닥여주는 인간미가 그립다.
누가 봐도 짓궂은 악동이라도
로맨틱 코드가 맞으면 당기고,
툭하면 욱하지만 금세 후회하며 눈물 글썽이는
속정 많아 손해 보는 사람이 좋고,
일할 때는 치밀해도 연애할 땐 바보처럼
계산기를 두드리지 않는 사람이 간절해지는 세상이다.
내 안의 반전을 보여줄 수 있는
사람이 돋보이는 때다.

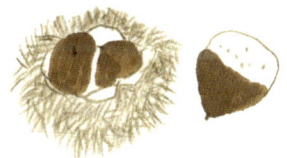

# 마음으로 통하는 길은
# 대략 비슷하다

말로만 백만 번 걱정해주는 것보다
한 번이라도 힘든 나를 거들어주는 게 고맙다.
생크림 듬뿍 올려진 럭셔리 커피보다
삼각 커피우유에 빨대를 꽂아주는 센스가 정겹다.
비싼 스테이크 써는 가운데 흐르는 어색한 분위기보다는
웃고 떠들며 먹는 골뱅이 안주에 생맥주가 좋고
3D로 보는 살아생전 만나보지도 못할 것 같은
하드코어 SF물보다 종종 대리만족이 되는
로맨틱 코미디가 가슴을 더 흔든다.
취향은 달라도 마음으로 통하는 길의 노선은 대략 비슷하다.

# 사랑은 99%의 노력과 1%의 인연

사람과 사람 사이의 사랑법,
혹시 이런 건 아닐까?
서둘러서 혼자만 성급하게 다가가지 말 것!
그렇다고 상대의 맘을 읽기도 전에 멀리 달아나지 말 것!
이왕이면 적당한 거리를 두고 서로가 지켜볼 시간을 가질 것!
시시때때로 그 사람이 그 자리에 있는지도 살펴볼 것!
어쩌면 사랑은 운명도 필연도 아닌
99%의 노력과 1%의 인연일지도 모른다.

## 사람 마음은
## 수학 공식이 안 통한다

지나친 것은 모자란 것만 못하다.
종종 실감하고 있지 않은가?
상처받지 않을 만큼만 사랑할 것!
부담 주지 않을 만큼만 사랑할 것!
헤어져도 미워지지 않을 만큼만 사랑할 것!
그리운 추억으로 남을 만큼만 사랑할 것!
자신을 사랑할 자리는 남겨두고 사랑할 것!
하지만…… 사람 마음이 무슨 수학 공식 같은 게 아니다.
오늘도 마음 가는 대로 올인하는 당신을 응원한다!

# 모든 건
# 나에게 달렸다

신은 우리에게 각자의 매력을 주었다.
하지만 불행하게도 사랑은 주지 않았다.
사랑은 각자의 노력으로 얻어야 하는 것!
신은 우리에게 아름다운 입을 주었다.
하지만 입맞춤은 주지 않았다.
달콤한 키스는 각자가 알아서 해야 하는 것!
신은 우리에게 심장을 주었다.
그러나 뜨거운 열정은 주지 않았다.
벅찬 감동의 불은 스스로 당겨야 하는 것!
모든 건 나 자신에게 달렸다.

## 이런 사람만 있으면
## 얼마나 좋을까?

우리 곁에 늘 이런 사람만
둘 수 있다면 얼마나 좋을까?
변화를 무서워하는 남자보다
변화를 즐기는 남자,
뭘 해도 자기밖에 모르는 여자보다
항상 주변도 챙기는 여자,
일생을 고정관념으로 사는 사람보다
유연하고 탄력적인 사고를 가진 사람을
우리 모두는 원한다.
더불어 사는 게 마음이 후끈해지는 길이다.

## 매일 특별한 날을
## 만들어라

"특별한 날에 와인을 따는 게 아니다.
와인을 따는 날이, 특별한 날이 되는 것이다."
특별한 날이라서 들뜨게 되는 게 아니다.
흥분할 거리와 설렘의 시간을 만들면 특별해지는 법.
특별한 날에만 누굴 만나는 게 아니다.
평범한 그 누구도 내가 먼저 달리 봐주면
그를 만난 그날이 세상에서 가장 특별한 날이 되는 법.
당신과 함께하는 것만으로 진정 특별한 오늘이다.

## 그때그때 즐기자

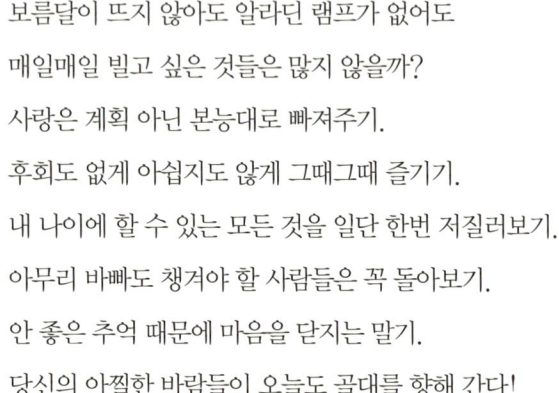

보름달이 뜨지 않아도 알라딘 램프가 없어도
매일매일 빌고 싶은 것들은 많지 않을까?
사랑은 계획 아닌 본능대로 빠져주기.
후회도 없게 아쉽지도 않게 그때그때 즐기기.
내 나이에 할 수 있는 모든 것을 일단 한번 저질러보기.
아무리 바빠도 챙겨야 할 사람들은 꼭 돌아보기.
안 좋은 추억 때문에 마음을 닫지는 말기.
당신의 아찔한 바람들이 오늘도 골대를 향해 간다!

# 빈틈이 보이는
# 상대에게 끌린다

뻔해도 사랑할 수밖에 없는 이상형.
즐거울 때 함께해주는 남자보다
힘들고 괴로울 때 함께해주는 남자가 좋고,
완벽한 여자보다
사랑 앞에선 약간 바보스러운 여자가 귀엽고,
이것저것 가리며 식사 매너를 깔끔히 지키는 남자보다
가끔은 흘리면서 먹더라도 복스럽게 먹는 남자가 좋다.
누가 봐도 멋진 상대보다
내 눈에만 근사한 상대가 따로 있다.

## 나쁜 남녀 감별법

처음 보자마자 자연스럽게 스킨십부터 들어가는 남자,
만난 지 며칠 만에 돈 꿔달라는 남자,
제발 만나지 말길.
싫다는 여자 어떻게든 꼬드겨서 내 여자로 넘어오면
바로 딴 여자에게 더듬이를 옮겨 가는 상습범들, 뻥 차버려라.
툭하면 다른 남자와 비교하며 남자의 자존심을 짓밟는 여자,
괜찮은 대상만 나타나면 언제든 떠날 준비가 돼 있는 여자,
나쁜 여자 0순위.
불쌍한 척 온갖 주접은 다 떨며 여자의 동정심을 사려는 남자,
대놓고 공주 대접 강요하는 너무 잘난 여자,
그들만은 피해 가라.

# 깨져야 할
# 연애 법칙

한번 바람둥이는 영원한 바람둥이란
연애 법칙은 깨져야 한다!
바람둥이가 회개하면 오직 한 여자를 위해
평생을 바칠 수도 있으니까.
남자만 여자에게 장미 꽃다발을 안겨줘야 한다는
고정관념은 깨라!
남자도 여자가 주는 꽃다발을 받으며
펄쩍펄쩍 뛰고 싶을 때가 있으니까.
B형 남자와 A형 여자는 상극이라는 통념은
제발 좀 깨져야 한다!
성격 좋다는 O형끼리 만나도 하루 만에 헤어질 수도 있으니까.
네 살 차이가 딱 좋은 궁합이라느니 하는
나이에 대한 편견도 깨져야 한다!
연애할 때 나이는 아무런 의미가 없다.
엉터리 연애 법칙들은 싹 잊어줘야 만남도 기다린다.
사랑도 내가 원하는 만큼만 그대로 되는 거니까.

chapter 2
생활편

# 생각의 각도를 1도만 바꿔도
# 멋진 선물이 온다

습관을 고치려는 의지가 유전자를 변화시킨다.
나 스스로를 인정해주는 자신감이 미남 미녀를 만들어준다.
야단쳐 주는 상사 덕에 사회생활의 면역성을 기른다.
남들보다 예민을 떨지 않을수록 더 건강해진다.
첫눈에 확 빠지는 무모함이 로맨틱 인생을 살게 한다.
동전의 앞면과 뒷면은 생각하기 나름이다.
똑같은 동전 안에 앞뒷면이 다 들어 있기 때문이다.
생각에 따라 같은 노래가 소음이 되기도 하고
희망가가 되기도 한다.
0.01초 차이로 메달의 색깔이 바뀌기도 한다.
유명이 무명이 되는 건 글자 한 자 차이고
양심과 앙심, 이해와 오해, 도둑과 도덕은
모음 한 자 차이지만, 그 뜻은 극과 극이다.
평생 가슴앓이할 사건도 한순간에 일어날 수 있고
아주 작은 변화 하나가 세상을 바꿀 수도 있다.

# 싱글을 즐기는
# 사람들

사랑하는 연인이 있고, 하나부터 열까지 챙겨주는
남편이 곁에 있더라도, 가끔은 아무도 없이 홀로
누구의 방해도 받고 싶지 않을 때가 있다.
날씨 좋을 땐 좋아하는 누군가와 어디론가
떠나고도 싶지만 그럴수록 왠지 모르게 혼자 즐기는
외로움이 더 달콤할지도 모른다는 생각을 해보기도 한다.
혼자 온 사람들만 모여 있는 내 집처럼 편안한 카페,
혼자 오면 밥값을 반으로 할인해주는 인심 좋은 음식점,
이렇게 홀로를 즐기는 사람들에게도
마음 써주는 세상이면 좋을 텐데.
아무리 남부럽지 않은 애인이 있고 남편이 있어도
서로에게서 독립된 시간, 혼자만의 시간이 있어야
그 관계도 더 오래 지속되는 법이다.

# 인간에 대한
# 유통기한은 필요한가

통조림이나 우유, 쇠고기나 돼지고기처럼
사람에게도 유통기한이 있다면 어떨까?
아니면 적금처럼 만기 날짜가 정해져 있다면?
그래서 사랑할 때도
"너희들의 유효기간은 1년이다! 무조건 1년 내에 쫑 내야 돼"
이러면 은근히 끔찍하기도 할 것이다.
하지만 직장에서 악덕 상사에게 미운털이 박혀 죽을 맛일 땐
"유통기한 6개월만 참으면 돼!"
이렇다면 이보다 다행한 일도 없을 것이다.
하지만 결코 유통기한의 서비스를 받을 수 없는 게
우리의 현실이다.
그래서 어느 땐 심하게 좌절하고,
어느 땐 턱없이 잔인해지기도 한다.
만기 날짜만 알면 어떻게든 견딜 텐데 말이다.
하지만 그래서 어쩌면 더 잘된 일이기도 하다.
모르기 때문에 지금 더 최선을 다할 수 있으니까.

## 단 한 번뿐인
## 순간이

창밖으로 보이는 오늘 그 바람, 그 하늘
평생 단 한 번뿐이다.
개구쟁이 아들 품에 꼭 안아주는
그 순간의 그 느낌, 한 번뿐이다.
그 사람의 아찔한 고백, 그때의 감동,
단 한 번뿐일지 모른다.
동료와 함께하는 맛있는 수다와 식사,
단 한 번뿐인 맛일지 모른다.
숨 막히게 다가오는 계절의 향기들,
평생 단 한 번뿐인 느낌일지 모른다.
의리파 친구 때문에 울컥하며 나도 무덤까지 목숨 걸리라
두 주먹 불끈 쥐는 그 순간의 감정,
평생 한 번뿐일지도 모른다.
그러므로 두고두고 기억해야 하는 게 맞다.

# 환경이
# 맛을 결정한다

같은 음식이라도 먹는 장소에 따라 맛이 달라진다.
라면은 만화방에서, 짜장면은 당구장에서 먹는 게 별미다.
신기한 것은 불어터진 라면도
밖에서 먹는 건 입에 짝짝 붙는다는 것이다.
어릴 땐 꼬질꼬질한 만화책 들춰가며 먹었어도
라면이 입안에서 마법처럼 녹아내렸다.
당구장에서 먹는 짜장면도 예술이다.
제아무리 비싼 중국집에서 먹어도
그 맛이 안 난다는 것이 희한하다.
어쩌면 이런 맛은 남자들만 아는 맛일 수도 있다.
여자들이야 한밤중에 양푼에 찬밥 넣고 나물 넣고
고추장 푹푹 떠서 비벼 먹으면
둘이 먹다가 두 사람 다 혼수상태가 된다.
사람 사는 것도 그렇다.
같은 일이라도 작업환경과 함께하는 동료가
일의 완성도와 성취도를 결정한다.
그래서 사람은 환경의 동물인가 보다.

# '어쩌면 다 잘될 거야'가
# 다 잘되게 한다

'어쩌면' 다음엔 부정어가 오지 못하게 해야 한다.
"어쩌면 당장이라도 우울한 일이 생길지 몰라" 하며
뚱하고 있는 것
"어쩌면 내일이라도 몸이 불어날지 몰라" 하며
맘에 드는 옷도 못 사는 것
"어쩌면 그를 사귀면 상처받을지 몰라" 하며
애초에 마음을 안 여는 것
"어쩌면 작심삼일로 끝날지도 몰라" 하며
무조건 시작도 안 하는 것
어쩌면 안 되고 못 할지도 모른다고 미리 단정하는 건
다 바보 같은 짓이다.
나쁘게 상상하는데 좋은 기운이 찾아올 리가 없다.
'어쩌면'이라는 예상을 할 때는 "어쩌면 다 잘될 거야"
신나는 반전의 물꼬를 마음으로부터 터야 한다.
오늘도 거침없는 전진, 어쩌면 다 잘될 것이다. 믿는 대로!

# 흔들릴 때가
# 좋을 때다

결혼하고 싶어 안달 났을 땐 "너 없인 못 살아!"
결혼해서 좀 지겹다 싶으면 "너 땜에 내가 못 살아!"
고작 한 끼만 굶었는데도 "배고파 죽겠어!"
남의 밥까지 뺏어 먹고선 "배불러 죽겠어!"
봄날 저녁 바람이 조금만 싸해도 "썰렁해서 못 살겠어!"
한낮에 조금만 더워도 "와, 벌써 땀 나네. 더워 죽겠다!"
일에 치여 있을 땐 "일 때문에 돌아버리겠다!"
어쩌다 백수라도 되면 "일 없어 미치겠다!"
누군가 좋다고 따라다니면 "귀찮아 못 살겠네!"
아무도 거들떠도 안 보면 "자존심 상해서 살 수가 없네!"
하루에도 오백 번씩 뒤집어지는 마음들…….
하지만 변덕이 죽 끓듯 해도 흔들릴 때가 좋을 때다.
흔들리지 않는다면 뭔가 애쓸 이유도 없으니까.

## 넘어질 때가
## 뛸 때다

미국 ≪월스트리트 저널≫에 나왔던 광고 문안 중에
이런 게 있었다.
"어쩌면 잊고 있을지 모르지만
당신은 살아오면서 숱하게 실패를 경험했습니다.
세상에 나와 첫 걸음마를 할 때 무수히 넘어졌을 테고
처음으로 수영을 배울 땐
하마터면 익사할 뻔한 적도 있을 겁니다.
또 처음으로 야구방망이를 휘둘렀을 때
제대로 공을 맞힌 사람이 몇이나 될까요?
안타 치는 횟수가 많을수록 스트라이크 아웃도 많기 마련입니다.
홈런왕 베이브 루스는 1330번이나 스트라이크 아웃을 당하면서
700번이 훨씬 넘는 홈런을 날렸습니다."
거절당할 때가 시작할 때라는 것,
넘어질 때가 뛸 때라는 것,
실패가 무서운 게 아니라 아예 해보지도 않고
기회를 떠나보내려는 소심함이
정말 무찔러야 할 강적이라는 것……
세상은 저지르는 사람들의 것이라는 사실은
아무리 강조해도 지나치지 않다.

# 인생은
# O, X가 아니다

초콜릿을 실컷 먹었다 해서 해결될 일도 없지만
그렇다고 그게 그렇게 발등 찍을 일도 아니다.
머리카락에 총천연색 엽기 브리지를 넣었다 해서
해결될 일은 없지만 그렇다고 그게 죄는 아니다.
밤새 토끼 눈을 해가며 게임을 한다 해서 칭찬받을 것도 없지만
그렇다고 하고 싶은 걸 한 게 뭐 그리 잘못한 일도 아니다.
잘 노는 애들과 떼로 몰려다녀서 해결될 일도 없지만
그렇다고 그게 뭐 그렇게 눈치 볼 일도 아니다.
'이건 O표 이건 X표'로 단정하는 순간
내 생각의 진화도 멈춘다.
새로운 시대의 다양성에 익숙해져야
인생을 즐기면서 살 수 있다.
우리에게는 늘 행복한 순간만 주어지는 게 아니다.
어쩌다 자주 불행할 틈이 생기더라도
그 진흙 안에서 진주를 발견할 수 있어야 한다.

# 삶의
# 기본이 되는 2%

앞에서 할 수 없는 말은 뒤에서도 하지 마라.
적당할 때 끊으면 다 잃지는 않는다는 것을 잊지 마라.
흥분하는 목소리보다 낮은 소리가
더 위력 있다는 것을 기억해라.
자존심을 심하게 내세우면
오히려 자존심이 상한다는 것을 믿어라.
불평보다 부탁하는 게 실용적이라는 것을 몸에 익혀라.
그리고 무엇보다도 중요한 진실······.
"나눔이란 내게 필요 없는 것을 주는 게 아니라
내게 귀한 것을 주는 것이다."
나만 잘살려고 하면 나도 살기 힘들어지지만
너와 내가 같이 손잡고 가면 서로가 행복해지는 길이 열린다.
이것이 선진국형 생활의 발견이 아닐까!

# 10년 뒤의
# 내 모습은?

10년 뒤의 내 모습, 가끔 상상할 때가 있을 것이다.
멋진 남편과 유럽으로 신혼여행 떠나는 내 모습,
출근 도장 없는 나라 안방 컴퓨터에 앉아 웃고 있을 내 모습,
책으로 빽빽한 연구실에서 배움에 불타 있을 내 모습,
지금은 햇병아리 초보 디자이너지만
국내 최고의 브랜드를 개발한 실장으로 있을 내 모습,
지금은 주말마다 방콕이지만
"네가 어디에 있든 난 네 곁에 있다"라고 말해주는
그이가 곁에 있는 내 모습,
지금은 이 집 저 집 떠도는 신세지만
언덕 위에 그림 같은 집 짓고 영화처럼 살고 있을 내 모습.
꿈을 키워가는 과정,
어쩌면 그 동안이 더 꿈 같은 시간일지도 모르겠다.

# 난
# 못 할 게 없어

걸음마를 처음 배우는 아기들은
수없이 넘어지지만 뒤뚱대며 얼른 일어선다.
일어서지 못할 거라는 두려움이 없기 때문이다.
하지만 어른들은 넘어지면 그대로 주저앉을 때가 더 많다.
연습할 땐 최고였는데 막상 시합에선
힘 한 번 못 쓰고 쓰러지는 선수가 있고,
맞선은 하루 두 탕씩 뛰는데 긴장한 나머지
엉뚱한 소리만 하다가 번번이 퇴짜 맞는 노총각도 있다.
밤새 고민해서 짜낸 아이디어를 막상 보고할 땐
입도 뻥긋 못해 자신의 무능력을 탓하기도 하고,
동네에선 가수 뺨치게 노래해서 〈슈퍼스타 K〉에 나왔는데
박자 하나 제대로 못 맞추고 땡! 소리 듣고
내려오는 사람도 있다.
이 모든 게 실패에 대한 두려움 때문일 것이다.
"난 못할 게 없어" 하며 때론 겁 없이 살아줘야 한다.
인생 한 번이다. 밀어붙이면 된다!

## 친절은
## 되돌아온다

모든 성공 뒤엔 숨겨진 감동이 있다.

고객 감동, 연인 감동, 친구·동료 감동.

그리고 그 감동 뒤엔 감춰진 보석, 친절이 있다.

종종 이런 친절 베풀고 싶지 않은가?

오랜 망설임 끝에 프러포즈해 오는 그 사람,

혹 내 타입이 절대 아니어도

"고마워요. 하지만 시간을 좀 주실래요?" 할 수 있는 마음…….

커피 자판기 앞에서 동전 찾느라 쩔쩔매는 그 사람,

아래위로 훑어보며 '안됐다' 표정만 짓지 말고

가까이 다가가 "동전 필요하세요?

나중에 저도 한번 꿔주세요!" 할 수 있는 마음…….

엘리베이터 닫히려는 순간 "잠깐만요!" 외치면서

헐레벌떡 뛰어오는 그 사람 눈총 주지 말고

"몇 층까지 가세요?" 웃으면서 버튼을 눌러줄 수 있는 마음…….

가끔 이런 친절을 만나면 하루가 감동이다.

친절은 되돌아오는 법,

내가 먼저 베풀어야 그 기쁨이 두 배가 될 수 있다.

# 생각하는 순간
# 행복해지는 것들

평범하지만 특별하고, 단순하지만 인상적인 것들…….
우릴 행복하게 해주는 게 뭐가 있을까?
적당히 출출할 때 어디선가 나는 고소한 빵 냄새,
위스키가 들어 있는 초콜릿,
캬~ 소리 내며 마시는 차디찬 맥주 한 잔,
맑은 날 먹는 요거트 아이스크림,
그이와 함께 간 전망 좋은 카페,
깨끗이 세차한 차를 타고 하는 드라이브.
이런 것들이 우릴 기분 좋게 해준다.
친절하게 대해주는 동사무소 직원을 만났을 때,
실물보다 50배 더 잘 나온 스티커 사진을 볼 때,
질질 끌던 책 마지막 장을 넘겼을 때,
잔소리 많은 부장님 출장 가셨을 때,
뭘 해도 열심인 친구를 곁에서 볼 때,
여의도 벚꽃 구름 떼에 나도 모르게 휩싸일 때.
이럴 때 행복해지지 않는가?
생각하는 순간 나를 행복하게 해주는 것들은 여전히 많다.

# 좋은 관계란

봄 햇살처럼 따사로운 아내,
솜사탕처럼 달콤한 연인,
쿠션처럼 편안한 동료,
식은 밥처럼 만만한 후배.
이런 사람들 혹시 곁에 있는가?
예쁘기만 한 아내는 금세 싫증 날 수 있고
공감을 잘해주는 아내는 갈수록 더 사랑스럽다.
폼만 잡는 애인에겐 언젠간 실망하게 되고
따뜻하게 챙겨줄 줄 아는 애인은 사랑할 수밖에 없다.
똑 부러지게 잘난 동료에겐 정이 안 가고
간혹 실수하고 용서를 구하는 동료에겐 마음을 열게 된다.
자기 것만 챙기는 후배에겐 질려버리고
도와달라 손 내밀며 고마워하는 후배는 모른 척할 수가 없다.
빈자리는 서로가 채워주고 급할 땐 구원병이 돼주는 것,
좋은 관계란 바로 이런 게 아닐까?

# 그대의 향기

보이지 않는 감각, 드러나지 않는 아름다움,
신비로움의 결정체.
그건 '향수'다.
외모는 별로 튀지도 않고 옷 입은 것도 그저 그런데
옆을 휙 스치고 지나갈 때 풍겨오는 상큼한 냄새,
비누 향기 같은 신선한 향,
이렇게 후각을 설레게 해주는 사람들이 있다.
그러면 깜짝 놀라서 다시 한 번 쳐다보게 된다.
향수의 향을 맡는 덴 세 가지 단계가 있다고 한다.
우선 머리향인데 처음 뿌렸을 때 다가오는 강한 향이다.
다음이 심장향으로 그 향수만의 특징을 결정하는
고유한 냄새다.
마지막으로는 아침에 뿌리면 잠들 때까지
은은하게 남아 있는 체취 같은 향, 잔향이다.
그러니까 특별한 의미가 있는 상대에게서만 느껴지는
독특한 향기가 바로 잔향인 것이다.
내 남자의 향기, 내 여자의 향기라는 게 그래서 있는 것이다.
그렇다면 지금 그대의 향기는?

## 나와의
## 약속 이행 지수는?

"나는 할 수 있어! 꼭 할 거야!"
머릿속에서만 두 주먹 불끈 쥐고
도장 쾅쾅 찍는 나와의 약속들.
남들의 야유 받으며 선언했던 하루 한 시간 운동,
쭉 하고 있는가?
좋은 사람만 생겨봐라, 이 한 몸 던져주리,
그 결심 여전한가?
하찮은 약속이라도 의리로 지키겠노라,
그 마음 변하지 않았는가?
아무리 고달파도 하고 싶은 일은 하고 산다,
그 꿈 놓지 않고 있는가?
비록 돈이 돼도 소신껏 할 수 없는 일은 하지 않겠노라,
그 뜻 꼿꼿하게 유지하고 있는가?
누군가 그랬다.
"생각한 대로 살지 않으면 사는 대로 생각하게 된다."
생각부터 바꾸고 싶다.
지키지 못할 건 없다.

# 기대의
# 과부하는 실망

기대를 심하게 부풀리다 보면 실망이 커질 수 있다.
완벽한 이상형이라 믿었던 사람이
만날 때마다 자잘한 흠만 보여도 배신감이 들고
큰마음 먹고 산 신형 노트북이 툭하면 고장 나도 어이없다.
신장개업했을 땐 맛있어서 하루라도 안 가면 섭섭했는데
갈수록 그 맛이 아닐 때도 역시 믿을 건 없다고 포기하고
혜성같이 나타나 팬들을 혼절시킨 초대박 스타들이
갈수록 처음 실력만 못할 때도
그대들도 역시나 반짝 스타였는가? 되묻고 싶어진다.
하지만 그럼에도 불구하고 믿고 싶은 진리 하나,
"컨디션은 일시적이어도 클래스는 영원하다."
우리 모두 어디선가 잠시 휘청댈지도 모르지만
다시 잘할 수 있기에 실망은 또 다른 기대감을 낳고
기대의 용량은 적정선을 찾아가는 조율이 시작되는 거다.
작은 기대, 작은 실망이 알고 보면 더 영리한 삶의 지혜다.

# 모든 것은
# 나를 위한 것이어야 한다

물러설 때가 있으면 나서야 할 때도 있다.
잃는 게 있으면 얻는 것도 있다.
하기 싫은 일이 있다면 하지 마라.
단, 대안은 있어야 한다.
보기 싫은 사람이 있다면 보지 마라.
단, 한 번의 기회는 더 주는 게 인간미다.
먹기 싫은 음식이 있다면 먹지 마라.
단, 나의 건강이 먼저다.
웃기 싫을 때가 있다면 웃지 마라.
단, 그럴수록 더 힘들어질 뿐이다.
세상 모든 일들 마음 가는 대로 하되
먼저 나를 위한 것이어야 한다는 거다.
나부터 나를 위해주지 않는데 누가 나를 귀히 여겨주겠는가?
겸손한 것과 비굴한 것은 다르고
교만함과 자신감은 엄연히 다른 것이다.
자신감이란 것도 매일 물을 주고 영양제도 뿌려줘야
제대로 뿌리를 내리고 시들지 않는 온전한 내 것이 된다.
뿌리 깊은 자신감으로 고개를 들고 당당히 서라.
세상은 내 편이 되어줄 것이다.

# 유전자는
# 정직하지 않다

"유전자는 정직하다!" "사람은 안 변한다!"
그래도 예외는 있다.
주변에 닮고 싶은 사람이 많을수록 성격 개조도 가능하고
인생의 모델이 많을수록 부정적인 사고방식도
긍정적으로 전환된다.
인간은 '어떤 척'하는 흉내를 내다 보면
그대로 되지는 않더라도 그 모습과
상당히 닮아가게 된다는 것을 기억해야 한다.
겸손하길 원하면 겸손한 척, 명랑하길 원하면 명랑한 척,
유능하길 원하면 유능한 척, 행복하길 원하면 행복한 척.
그런 꾸준한 자기암시가 내 삶을 바꾼다.
로또 한 장의 인생 역전과는 비교할 수 없는,
꾸준한 자기암시는 세상에서 가장 쉬운
반전 라이프로 가는 길이다.

# 당신은
# 더 괜찮은 사람일 수 있다

가끔 자신에게 질문해봐라.
내 성격은 누군가에 영향을 줄 만큼 품질이 우수한가?
이 질문에 뜨끔하다면 지금보다 화는 덜 내고
웃음은 더 많이 나눠줘도 부족하다는 뜻이다.
하루를 플러스 마인드로 보내려면
나에 대한 신뢰감 회복이 먼저다.
"난 왜 이럴까"가 아니라 "내가 이런 점은 누구보다 낫지"
이쪽으로 안테나를 세워봐라.
아무리 자신감이 바닥났더라도 잘 생각해보면
남보다 좋은 점이 분명 있다.
싫어도 싫은 티 안 내는 무던한 매력을 가지고 있거나
분위기 맞춰서 잘 웃어줄 줄 알거나
MT나 여행 갈 때 궂은 일을 도맡아서 하거나
불친절한 서비스에 할 말 할 줄 알거나
윗사람한테 욕먹어도 바로 잊고
금세 헤헤거릴 수 있는 넉살을 가지고 있거나……
장점이라고 할 수 있을까 싶은 내 성격의 한 부분이
누군가에게는 닮고 싶은 좋은 점일 수 있다.

# 단 하루를 살아도
# 불꽃처럼

미지근한 하루는 가라.
뜨거운 오늘을 살고 싶다면 이런 느낌은 어떨까?
상큼하게 톡 쏘는 탄산수보다 더 신선할 것!
장단 맞추고 싶은 열띤 셔플 댄스보다 더 정열적일 것!
아름다운 침묵보다 아름다운 용기에 도전할 것!
겁 없는 새내기 사원보다 더 팔팔할 것!
보고 또 보고픈 웰메이드 드라마처럼 감동을 이어갈 것!
새로운 세계에 대한 상상력을 주저하지 말 것!
사랑하며 살아도 짧은 인생,
미움은 지우고 내게로 오는 그 사랑을 막지 말 것!
일할 땐 노는 것처럼 재미있게
놀 때는 일할 때처럼 완전히 열중해서 놀 것!
단 하루를 살아도 불꽃처럼! 지금 바로 점화해라.

# 먹으면서 풀어라

주말엔 짜릿한 이벤트와 푸짐한 만찬
누구라도 기대할 자격이 있다.
둘이 있어도 옆구리가 시려올 땐 푸짐한 볶음짬뽕으로 요기하고,
혼자라도 기분 좋아 실실 웃음이 나올 땐
가볍게 과일 한쪽도 좋고,
여럿이 함께해서 흥겨울 땐 우아 떨지 말고
폭탄주 원샷도 들이켜고,
좋아 죽겠는 그 사람과 있을 땐
안 먹어도 배부르니 하트 뿅뿅 쏴도 되고,
집에서 퍼져 있을 땐 엄마표 김치수제비가 진리다.
그때그때 또 다른 새 기분을 업데이트 시켜줄 수 있는
맛있는 음식이 있다는 건 축복이다.
세상은 넓고 맛있는 건 많다.
맛있는 거 먹으면서 푸는 게
고농축 영양 링거보다 피가 되고 살이 된다.

# 어른의
# 자격

어른이 된다는 건 누군가에게 민폐가 되지 않는 것이다.
하지만 누군가가 도움을 원할 땐 선뜻 "예스" 하는 것이다.
어른이 된다는 건 나의 편리가 남의 불편이 되어선 안 되지만
누군가의 편리를 위해선 종종 내 것을 포기하는 것이다.
욕심꾸러기였던 마음에서
때때로 내 것을 버릴 줄도 아는 철든 어른!
불평보다는 먼저 감사함을 생각할 줄 알게 되는 때가
어른으로 가는 시기이기도 하다.
아인슈타인은 말한다.
"이 세상은 두 가지 방법으로 살 수 있다.
기적 같은 건 없다고 믿으며 사는 방법과
모든 건 기적이라고 생각하며 사는 방법."
둘 중 무얼 선택하느냐는 각자의 마음가짐에 달렸다.
아인슈타인은 또 말한다.
"우리가 사는 세상이야말로 감사할 것들로 가득한 선물이다."
좋은 것, 고마운 것에 집중하는 태도가
어른이 삶을 대하는 태도이며 그런 어른들이 만드는 세상은
곳곳에서 반짝반짝 빛나기 마련이다.

# 낙천적인 성격이
# 재벌이다

남들은 주식 해서 1년 치 연봉 한 달 만에 벌었다는데
자긴 투자해서 적금 탄 거 몽땅 날려놓고도
해는 또 뜬다고 말하는 사람이 부자다.
친구부터 사돈의 팔촌 결혼식까지 죄다 챙기면서
막상 자기는 애인 한 번 없었어도
혼자서도 잘 노는 사람이 부자다.
남들 새 차 샀다고 뻐길 때
뚜벅이라서 건강한 게 고맙다는 사람이
병원을 제집 드나들듯 하는 재벌보다 백번 낫다.
아무리 골치 아픈 상황이라도 투덜대지 않고
어떻게든 되겠지 믿는 낙천적인 사람이
세상 최고의 갑부다.

# 쉬워 보여도
# 쉽지 않은 것이 삶이다

미니스커트를 입은 그녀의 각선미를 못 본 척하기가
생각보다 쉽지 않다.
짐승남의 식스팩 복근을 빤히 보기도 생각보다 훨씬 어렵다.
적게 여러 번 먹는 게 다이어트에 도움이 된다지만
평생 못 해서 살을 못 뺀다.
우울한 감정을 티 내지 않는 게 뭐 어렵냐 싶지만
마음만큼 안 돼서 표정 관리가 힘들다.
하루 한 번 청소하고, 쓴 물건 제자리에 두고,
휴대폰 없이 하루만 살고, 김치 없이 라면 먹고,
SNS엔 관심 따위도 두지 않고……
하면 될 것 같지만 생각만큼 쉽지 않다.
한 듯 안 한 듯한 화장하기,
연인이 있는데도 오는 이성 막지 않기, 어렵다.
하루 20분씩 운동하기, 주식 산 거 오르면 즉각 팔기,
생각보다 힘들다.
하지만 쉽지 않은 게 많아서
우리의 도전과 열정은 복리로 불어난다.

# 지금의 최악은
# 최선으로 가는 과정

비바람이 부니까
눈부신 햇살과 무지개도 뜬다.
고달픈 주초가 있으니까
주말의 기쁨도 있다.
힘들게 떠났으니까
반갑게 돌아올 수도 있다.
날 싫어하는 사람이 있으니까
좋아해주는 사람이 더 고맙다.
죽어라 야근을 하니까
어쩌다 농땡이를 쳐도 덜 뜨끔하다.
뼈를 깎는 연습 기간이 있으니까
결국은 실력을 인정받는다.

# 숨은 내공이 있어야
# 단순해진다

일찍이 헤밍웨이가 말했다.
"읽기 쉬운 글이 가장 쓰기 어렵다."
입어서 몸에 편한 옷이 만들기는 더 까다롭다.
담백한 요리가 알고 보면 정성은 더 들어간다.
친구처럼 무난한 남녀 사이가
실은 더 많은 시련을 견딘 것이고
잔머리를 모르는 단순한 사람이
겪을수록 진국이다.
그간 쌓아온 숨은 내공 없이는
쉽거나 단순해질 수 없다.
간단하고 명료하기가
복잡하고 난해하기보다 더 힘들다.

## 단순한 결심이
## 운명을 결정짓는다

날마다 이렇게 살고 싶다.
값비싼 명품을 바라기보다
늘 지금에 만족하는 마음 욕심내기.
뭐든지 무덤덤하게 넘기지 않고
한 번 더 설레고 감동하기.
주머니가 가볍다고 자신감까지 바닥나지 않기.
야근에 밤샘 공부에 숨이 막혀와도 놀 땐 놀아주기.
날마다 미운 사람은 줄이고 내 사람 한 명씩 늘리기.
날마다 기억하고 싶다.
지금 당장이라도 할 수 있는 게 더 많다는 것.
최악의 상황에서도 웃음은 전달된다는 것.
자기만족보다 더 오래가는 행복은 드물다는 것.
아무리 고달픈 세상이라도 로맨스는 계속 진화한다는 것.
나만 원하면 무엇이든 언제나 새로 시작할 수 있다는 것.
단순한 결심이 오늘의 운명을 결정짓는다.

# 오늘이 가장
# 특별한 날이다

오늘도 좋은 사람들과 후회 없는 시간…… 가졌는가?
"지금은 일하느라 정신없고 '언젠가' 그런 시간 가져야지."
혹시 이런 생각을 가지고 있는가?
하지만 인생에 '언젠가'라는 날은 없다.
길 가다 아는 사람과 마주치면 습관적으로
"언제 한번 보자"라고 말한다.
그러나 언제 한번 보자는 이 말은
"우린 아마 만나기 힘들 거야……"라는 뜻에 가깝다.
가능성이 없을 때 '언젠가'라는 말을 쓰니까.
그래서 정말 만나고 싶거나 갖고 싶은 게 있을 땐
'언젠가' 대신 "두 달 안에, 올해 안에"라고
정확한 날짜를 그어줘야 한다.
"언젠가 내 사업을 할 거야"와
"3년 안에 내 회사를 차릴 거야"는 차원이 다르다.
언젠가 고백해야지? 어림도 없다.
평생 못 한다. 이번 주 내로 들이대 보자.
차일 때 차이더라도 이래야 인연도 맺어질 수 있다.
내일을 위해 지금 하고 싶은 걸 아끼지 말 것.
오늘이 가장 특별한 날이다.

## 불운과 대박은
## 반 끗 차이도 안 된다

살다 보면 "왜 하필 나야. 왜 나만 그래야 돼?"
이럴 때도 있지만 "천만다행이다" 싶을 때도 많다.
열쇠를 꽂은 채 차 문을 쾅 닫았는데
열쇠 수리공이 마침 옆을 지나갈 수도 있고,
없는 물건을 사러 가는데
눈앞에 그 물건이 마술처럼 보이기도 하고,
쫄쫄 굶으며 일하다가 구내식당에 뛰어갔는데
내가 마지막 손님일 때도 있고,
휴대폰 잃어버려 좌절 중인데
새 휴대폰을 선물로 받기도 하고,
급한 일 때문에 친구들과의 여행을 취소했는데
폭우가 쏟아질 수도 있고…….
그래서 믿어야 한다.
행운은 바로 뒤차를 타고 온다고!

# 우리에게
# 정말 필요한 것은?

대책 없이 겉도는 낭만주의보다
한 명이라도 더 도울 수 있는
현실주의가 낫다.
말로만 빌딩 수십 채를 짓는 사람보다
진짜 필요할 때 움직여줄 수 있는 사람이 최고다.
"조금만 기다려봐. 한 방이면 인생 역전이다"보다
밥 한 끼라도 당장 "널 위해 준비했어"가
진정한 선물이다.
지금 당장 할 수 있는 것들이
생각보다 많다.

# 진정한 새로움은
# 우리의 가슴속에

오래된 것과 새것의 어울림,
그 또한 새로움의 재발견이다.
낡은 창고 안에 꾸며진
초현대식 레스토랑은 쇼킹하다.
오래 사귄 친구 같은 연인이지만
가슴속에선 불타는 하트가 날마다 늘고 있다면
얼마나 신선할까.
외모는 날라리 같아도
엄격한 자기철학을 가진 사람은 새롭다.
최첨단 컴퓨터로 타이핑하는
순수 감동의 글들은 어떠한가?
정말로 새로운 건 어제와 오늘을 사는
우리의 가슴속에 있다.

# 즐겁게 살기 위한
# 무겁지 않은 다짐들

일에 끌려다니지 말고 일을 갖고 놀 것.
집중해서 달리고 유쾌하게 릴랙스 할 것.
같이 있으면 웃게 되는 사람들 곁으로 자주 갈 것.
뭘 하든지 의식적으로 노력하는 행위는
위대하다는 걸 잊지 말 것.
급한 일과 중요한 일의 우선순위를 정해둘 것.
그리고 오늘이
내 남은 인생의 첫날이라는 것을 기억할 것.
큰돈 들어가는 이벤트나 파티가
우릴 기쁘게 해주는 게 아니다.
하루하루 내 스스로가 내리는
행복한 결정들이
순간을 바꾸고 인생을 움직인다.

## 먹구름 뒤에 햇살이
## 더 많이 모여 있다

구름이 잔뜩 낀 하늘에도 태양은 숨어 있다.
지금은 구박 덩이일수록 해 뜰 날이 더 가까울 수 있다.
지금은 이별의 그늘이라서 햇빛 쏟아질 봄을 더 믿고 싶다.
두 눈을 감고 있어도
바람이 불어가는 방향을 느낄 수 있는 것처럼
그렇게 희망이라는 녀석은 믿는 순간 존재를 드러낸다.
몸은 같이 있지 못해도
서로의 마음이 통할 것이라고 믿어야 한다.
절망 속에 있더라도 누군가 한두 명은
날 위해 기도한다는 걸 믿어야 한다.
그래야 구름 속에서도 태양은 빛을 보내줄 것이다.
꼭 봐야지만 믿는 게 아니라
마음 깊은 곳에서 이미 믿는 게
가장 확실한 믿음이다.

# 길은 어디로든
# 열려 있다

자신감이 불끈불끈 솟다가도
어느 날 문득 고개가 꺾일 땐 꼭 기억해라.
부족한 사람은 있어도 부족한 재능은 없다는 것.
어설픈 초보자는 있어도 어설픈 열정은 없다는 것.
쓸데없는 생각은 있어도 쓸데없는 아이디어는 없다는 것.
결과가 나쁜 과정은 있어도 결과가 나쁜 노력은 없다는 것.
미진한 선물은 있어도 미진한 마음은 없다는 것.
핑곗거리만 찾지 않는다면
길은 어디로든 열리게 되어 있다.
무한도전!

# 마음을 바꾸는 게
# 더 빠르다

기껏 청소해놨더니 다른 사람들이 또 어질렀나?
다시 치우면 된다.
아침부터 억울하게 구박받았나?
이제부터 잘하면 된다.
주초에 운동할 결심 해놓고
주말까지 와버려서 자책하고 있나?
내일부터 하면 된다.
내가 좋아하는 사람은 나에게 관심이 없나?
나도 좋아하고 날 아껴주는 사람을 만나면 된다.
버는 것도 빠듯한데 지출만 많나?
이젠 좀 덜 쓰면 된다.
속상해할 시간에 마음을 바꾸는 게 훨씬 낫다.

# 욕심을 버려야
# 행복해진다

'행복하다. 좋다.'
이런 마음 느끼고 산 지 오래됐다는 생각이 문득문득 든다.
어떤 이는 톨스토이의 『행복』이란 책을 보면 참 행복해진다고 한다.
또 어떤 이는 따뜻한 밥 차려주시는 어머니,
아무 때나 불러내도 군소리 없이 나와 주는 친구,
며칠 밤을 새워도 끄떡없는 튼튼한 체력,
대여섯 번 봤는데도 또 보고 싶은 영화들……
이런 게 정말 자신을 행복하게 해준다고 말한다.
가만 보면 우리도 대부분 갖고 있는 것들이다.
하지만 언제부턴가 밥상 차려주시는 어머니가 당연해지고,
내가 피곤하고 힘들 땐 친구도 귀찮아진다.
아무리 행복해질 수 있는 요소가 많아도
우리 욕심은 또 거기에 비례해서 점점 커진다.
아마 시간이 더 지나면 만족스러운 일은 더 줄어들 것이다.
그래서 자기가 가진 것으로 만족하는 사람,
내 것이 최고라고 말하는 사람이 제일 행복한 것이다.
딱 한 개만 더 가지면 될 것 같은가?
그다음엔 두 개를 갖고 싶어질 것이다.
그래서 한 개 더 갖고 싶을 땐 한 개를 버리는 게 더 버는 것이다.
이런 덧셈 뺄셈을 잘해야 두통이 없어진다.

# 마음이 동할 때
# 움직여라

살다 보면 가끔 무언가에 홀린 것처럼
마음이 확 동할 때가 있다.
멀쩡히 다니던 회사 때려치우고
배낭여행 훌쩍 떠나고 싶고
호적 파일 거 각오하고
나 좋다는 사람과 살고도 싶고
후회할 거 계산하고 직업도 바꿔보고 싶고
허리띠 졸라맬 거 각오하고
무리해서라도 내 집 장만하고 싶고
외로울 거 알면서도
가족 떠나 독립하고 싶을 때가 있다.
아무리 하고 싶은 일도 지금 당장 안 하면
평생 못 할 수도 있다.
후회할 줄 알지만 일단 시작해야 세상을 얻는다.
마음이 동할 때를 놓치면 행복한 도전은 평생 없다.

# 용기와 오기
# 그리고 포기

종종 '용기'와 '오기'가 헷갈릴 때가 있다.
찬 바람 쌩쌩 부는 날 티셔츠 한 장 입고 당당히 걷는 게
용기일까, 오기일까?
음치에 고음 불가란 판정을 받고도
노래방에서 2절까지 다 부른 다음 마이크를 놓고,
결정적인 순간에 애인보다 친구를 택하고,
아무리 절망적이라도 기죽지 않는 것……
용기인가, 오기인가?
중요한 건 용기든 오기든 포기보다는 백만 배 낫다는 거다.
용기를 갖든 오기를 갖든
포기하지 않았기 때문에 희망이 있다.
마음에서 지지 않으면 지는 게임이란 없다.

## 되는 것부터
## 하면 된다

운전은 하고 싶은데
면허 시험에서 계속 미역국이다.
그럴 때는 자전거부터 타면 된다.
노래 잘해서 가수 흉내라도 내고 싶은데
부를 때마다 택도 없다면
듣는 것부터 즐기면 된다.
읽을 책은 잔뜩인데 책만 펴면 졸음이 쏟아진다면
목차라도 익히면서 간만 봐도 안 보는 것보다는 낫다.
안 되는 것 말고 되는 것부터 해보면
의외로 자신이 잘하는 게 많다는 사실에 새삼 놀랄 것이다.
잘 안되는 것 붙잡고 끙끙댈 시간에
더 잘하는 것부터 하는 습관을 들여라.
자신 있는 인생이 찾아온다.

# 하루라도
# 달라지자

오늘 하루만이라도
달라지고 싶다면 뭘 해야 할까?
오랫동안 주춤했던 그 일을 당장 결정지을 것.
진심으로 내 마음이 하고 싶은 일을
세 가지만 솔직하게 적어볼 것.
모범 답안이라고 생각했던 것들을
하루만 잊어볼 것.
제발 세상 다 산 것 같은 얼굴 하지 말고
남들을 웃겨줄 것.
판에 박힌 생활 패턴 하루만이라도
확 뒤집어보는 것, 무리한 욕심일까?
오히려 그 반대다.
하루라도 달라져 보자.

# 기억하고 싶은
# 순간들을 떠올려라

기억하고 싶은 순간들……
매일 가슴속에 저장해라.
햇살 눈부신 날
새 출발 다짐하며 올려다보던 파란 하늘,
늦은 밤 그녀와 어깨를 맞대고 보던
로맨틱 불꽃 축제,
친구들과 밤새 술 마시고
해장으로 먹던 포장마차 떡볶이,
강변을 거닐며 마셨던
외로워도 향기로웠던 커피 한 잔,
그의 눈빛이 나에게만 꽂히던
바로 그 순간들…….
사서 하는 걱정만 줄여도 세상은 살 만하다.
기분 전환은 순전히 자신에게 달렸다.

# 내가 한 만큼만
# 돌려받는다

세상엔 내 뜻대로 안 되는 게 더 많다.
이걸 인정해야 덜 억울하다.
잃는 것에 연연하면
볼펜 한 자루도 새로 얻기 힘들다.
세상엔 공짜가 없어서 요행도 없다.
인기 좋은 사람의 비결은
골드 카드가 아니라 진심이다.
세상에서 가장 내기 힘든 용기는……
빠른 사과와 용서다.
우린 이미 알고 있다.
내가 한 만큼만 돌려받는다는 것을.

## 웃어야
## 복이 온다

유쾌한 하루를 위한 자기암시는 간단하다.
가까이서 마주치는 사람부터 감동시키자.
'할 수 있노라!' 믿는 순간부터 안 되는 것 빼고 다 된다.
나의 가치는 내가 만드는 거라는 말에 토 달지 말자.
실수할 때마다 뭐든 하나씩 배우는 건 기본이다.
웃으면서 하는 일엔 결코 좌절이 없다.
말도 안 되는 편견에 끌려다니며
인상 쓰고 있기엔 인생이 너무 짧지 않은가.
당신이 웃고 있는 한
위장병은 더 이상 심해지지 않고
당신이 미소 짓고 있는 한
사랑도 행운도 다가올 준비를 한다.
당신이 웃고 있는 한
호감도가 급상승하는 기적이 생길 것이며
당신이 미소로 말하는 한
당신을 거절할 사람은 없다.
자신을 최고로 가꿔주는 최강의 에센스?
지금 활짝 웃는 것이다.

# 변화를
# 즐겨라

변화란……
누가 뭐래도 환상적인 것이다.
사랑에 빠져
그의 마음에 들기 위해 변신하는 것.
이별의 쓴잔을 마시고
그녀를 잊기 위해 자신을 변화시키는 것.
무시당하지 않기 위해서라도
내 안의 재발견을 향해 변신하는 것.
바라는 것들의 리스트를 적어보면서
변화를 꿈꿔보는 것.
집에서 쓸 예쁜 그릇을 고르듯이 변화를 즐겨라.
상상 속에서 키우는 변신도 현실이 된다.
자유로운 변신의 힘.

# 가끔은 느슨해질
# 필요가 있다

혹시 정리정돈에 심하게 집착하진 않는가?
온종일 재활용품 분리수거 하느라 진땀을 흘리는가?
툭하면 책상 서랍 싹 다 비우고
사무용품들을 크기별로 정렬해놓는가?
생각나면 옷장 열고 색깔별로 맞추느라
하루를 다 보내는가?
치우지 않은 테이블 위 찻잔,
바닥에 굴러다니는 읽다 만 책들,
어수선한 선반, 그런 것들도 종종
푸근하게 다가오지 않는가?
칼 같은 정리가 마음의 여유를 빼앗아 가게 하진 말자.
느긋한 활기가 빡빡한 완벽함보다 낫다.
당신을 더 건강하게 해준다.

# 혼자라도 괜찮다

혼자라는 사실,
혼자만의 공간, 혼자라는 두려움?
하지만 혼자여서 누릴 수 있는 사치도 있다.
아무 때나 오디오 볼륨을
내 맘대로 크게 올릴 수 있고,
언제든 맨발에 원초적인 모습으로
집안을 휘젓고 다닐 수도 있고,
만화책에 코를 박으며
밥을 먹어도 뭐랄 사람 없고,
밤을 꼬박 새우면서
내 멋대로 시간을 보내도
아무 간섭이 없다.
여럿이 함께라서,
또는 둘이라서, 혼자라서?
숫자의 개념은 행복과는 아무 상관이 없다.

# 지금
# 바로 시작해라

기회는 자기를 꽉 잡아주는 사람을 좋아한다.
뭔가 해볼 생각이 떠오르면
주저하지 말고 첫발부터 내딛는 거다.
지금은 때가 아니라고?
아니, 왜?
내게 더 딱 맞는 일이 있을 거라고?
그게 뭔데?
지금은 바쁘니까 시간 날 때 하겠다고?
그게 언젠데?
우물쭈물 미루는 순간
당신의 의지도 같이 흐지부지된다.
그때 시작했던 친구들은
이미 저만치 앞서 가고 있다.
그렇기 때문에 지금 당장 가는 게 맞다.

# 가볍게
# 살자

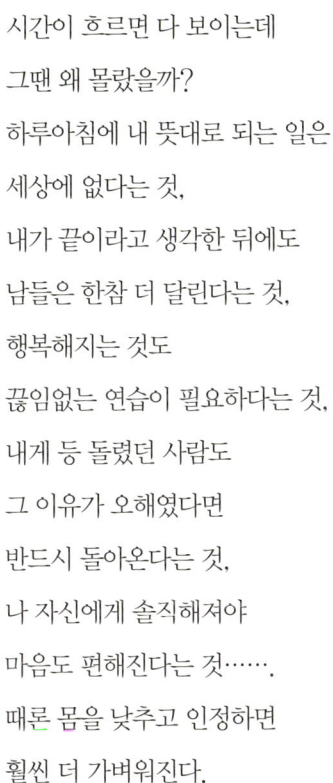

시간이 흐르면 다 보이는데
그땐 왜 몰랐을까?
하루아침에 내 뜻대로 되는 일은
세상에 없다는 것,
내가 끝이라고 생각한 뒤에도
남들은 한참 더 달린다는 것,
행복해지는 것도
끊임없는 연습이 필요하다는 것,
내게 등 돌렸던 사람도
그 이유가 오해였다면
반드시 돌아온다는 것,
나 자신에게 솔직해져야
마음도 편해진다는 것…….
때론 몸을 낮추고 인정하면
훨씬 더 가벼워진다.

# 좋은 습관이 생활을 좌우한다

한 사람을 성공으로 이끄는 가장 강력한 무기는
지식이나 노력보다도 습관이다.
아침 시간이 빨라지면 정신이 번쩍 든다.
몸이 건강해지는 것은 두말하면 잔소리다.
사소한 습관이라도 좋은 것은 행운을 부른다.
날마다 20분이라도 걷고
아파트 계단 직접 오르는 게 우스워 보여도
꾸준히 한 사람들의 근력은 못 당해낸다.
누가 뭐래도 습관이 운명이다.
가령 아침 일찍부터 움직이는 습관을 들인다면
하루를 바라보는 시각도 달라질 게 확실하다.
하루를 짜임새 있게 시작하는 것에 감사하게 되고
그러다 보면 저절로 긍정적인 사고로 바뀐다.
물론 올빼미형 인간의 장점도 있겠지만
한 번쯤 내 생활의 반전도 나쁘진 않을 것이다.
이런 말도 있지 않은가.
"스스로 깨고 나오면 병아리가 되고
남이 깨면 달걀 프라이가 된다."
습관 뒤집기를 시도해보는 것도 삶의 지혜다.

# 내가 하는 걱정
# 남도 똑같이 한다

가끔 그런 생각이 들 때가 있다.
"나만 빼고 너무들 잘난 거 아냐?" 아니면 반대로
"나 왜 이렇게 괜찮은 거야? 내가 생각해도 쓸 만한데?"
하지만 살다 보면 나보다 한참 못난 사람도 없고
나보다 그렇게 특별한 사람도 없다.
사람은 누구나 졸리면 자고, 배고프면 먹는다.
떠먹는 요구르트 뚜껑을 핥아 먹는 것도,
다 먹은 과자 봉지 뒤집어서
부스러기까지 털어 먹는 것도 다 똑같다.
큰돈 앞에서 흔들리는 것도 비슷하고
자식 문제엔 물불 안 가리는 것도 같으며
내 입장부터 생각하는 것도 오십보백보다.
그렇기에 나보다 잘나 보인다고 겁먹을 필요도 없고
나보다 좀 못나 보인다고 깔봐서도 안 되는 거다.
동시대를 함께 살아가고 있는 우리는
서로가 감싸 안지 않으면 결국은 나만 더 힘들어진다.
서로에게 기대서 가는 길이 가장 풍요롭다.

# 그 사람의
# 취향을 닮고 싶은 심리

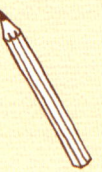

「반사적 광영」이란 글이 있다.
'반사적 광영'이란 좋아하는 사람을 따라 할 때 느끼는
희열 따위를 말하는 것으로,
이 글을 쓴 작가는 원래 담배 냄새만 맡아도 핑핑 돌았었는데
잉그리드 버그먼을 좋아했기 때문에 그녀가 즐긴다는
담배를 한 갑이나 피웠다고 한다.
존경하는 선배가 글을 쓸 때마다 꼭 연필로만 쓴다면
잘 써지는 펜 놔두고 힘들게 칼로 연필 깎아가며 써보는 심리,
그러면 마치 그 선배처럼 될 것만 같은 심리.
사춘기 때도 직접 겪거나 보았을 것이다.
좋아하는 친구가 하는 대로,
심지어 말투까지도 흉내 내고 따라 하는 심리.
흠모하던 사람이 즐겨 듣는 음악 장르를 알면
당장 그 CD를 구해서 듣고 그 사람의 취향을 닮으려는 것,
이게 바로 반사적 광영이라는 것이다.
같은 걸 공유하고 있다는 행복감.
뭐든지 나를 중심으로 생각하던 것에서 약간 벗어나 보는 것도
또 다른 자극이다.
반사적 광영, 그 모델부터 만드는 것도 즐거운 상상력의 기초다.

# 꿈을 꾸면
# 동안이 된다

불룩해져 오는 뱃살,
눈가의 주름, 처지는 엉덩이를 볼 때
'나도 나이가 들었구나' 느끼는가?
그런데 그런 것보다 더 충격적인 건
뭘 해도 이제 더 이상 새로운 것도
놀라운 것도 기대되는 일도
가슴 떨리는 일도 없을 때다.
그럴 때 진짜 나이 들었다는 생각이 든다.
젊음을 유지한다는 건 그런 게 아닐까 싶다.
고농축 벨벳 마사지팩이나 보톡스로
주름을 쫙쫙 펴는 게 아니라
적당히 타협하고 슬며시 포기하다 잊어버린
젊은 날의 꿈들을 다시 한 번 펼쳐보는 것……
꿈을 꾸면 동안이 된다.

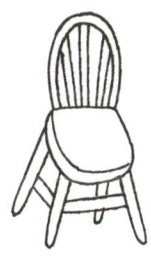

# 나 자신의
# 재발견

새롭고 아름다운 걸 싫어하는 사람이 어디 있을까?
우리가 아름다운 걸 좋아하는 건 그게 낯설기 때문이고,
낯설다는 건 새롭다는 것이다.
그래서 오래 사귄 연인들에겐 권태기가 오고
오래된 부부는 소 닭 보듯 서로에게 무심해지기도 한다.
누구나가 익숙하지 않은 낯섦을 두려워하지만
극과 극은 통하는 법!
처음 보는 사람 앞에서 낯가림을 하는 것도
어찌 보면 설레기 때문인 것이다.
그러고 보면 가끔은 나 자신도
새롭게, 낯설게 봐줄 필요가 있다.
"내가 원래는 이런 사람이 아니었는데 말이야……."
나 자신의 재발견도 가끔 필요하다.

# 남의 떡이
# 커 보이는 법이다

살다 보면 억울한 생각이 들 때가 종종 있다.
"왜 나만 이렇게 지지리 운도 없지?"
누구는 복권 당첨에, 주식 횡재에,
돈 많은 훈남 남친에
찍으면 다 걸리는데 왜 나만?
그런데 이런 말 아는가?
"행운은 없다. 단지 행운을 느끼는 자와
못 느끼는 자가 있을 뿐이다."
어떻게 보면 다 자기가 부른 행동이다.
복권을 샀기에 당첨의 행운을 얻을 수 있었던 것이고
소개를 받았기에 좋은 파트너를 만날 수 있었던 것이고
그만큼 더 뛰었기에 능력도 인정받은 것이다.
사는 게 그렇다.
내 뜻대로 안 되는 게 더 많은 것 같지만
잘된 일은 세어보지 않아서 그렇다.
고마운 일들만 헤아려봐도 하루가 모자란다.

# 세상은
# 돌고 도는 것이다

요즘 들어 부쩍 초조하고 불안하다면?
다음을 마음에 새겨야 한다.
괴로워서 미칠 것 같을 때마다
한 발짝만 떨어져서 볼 것.
남들만 행복한 것 같아 서운할 때마다
다음 순서는 나라고 믿을 것.
한 해가 벌써 가다니? 아쉬울 때마다
나쁜 일도 함께 간다는 걸 기억할 것.
그동안 난 뭐 했나 싶을 때마다
앞으로 할 일들을 하나씩 꼽아볼 것.
세상은 돌고 도는 것.
이제는 당신이 중심이 될 차례다.

# 내 편을
# 만드는 법

외국 속담에 이런 말이 있다.
"다리를 놓으면 그 다리를 계속 건널 수 있다."
세상은 거미줄 같은 망으로 되어 있다.
그야말로 깨알 같은 네크워크다.
누구와 관계를 어떻게 맺고 사느냐에 따라
하루하루가 달라진다.
그러고 보면 요샌 IQ도 EQ도 아닌 NQ(Network quotient),
즉 '관계 지수'를 강조하는 시대란 생각도 든다.
세상은 좁다.
연구 결과에 따르면 5.5명만 거치면
모든 세상 사람과 연결된다고 한다.
그러니까 결국 대여섯 명에게만 최선을 다해도
모든 사람을 내 편으로 만들 수 있다는 말이다.

내가 가진 것들을 먼저 생각하면
오늘 하루도 선물 같다.

언제나 지금 감사하면
해피엔딩이 된다.

## 인생을 살아가는
## 세 가지 방법

인생을 살아가는 데에는
세 가지 방법이 있다.
첫째는 아무것도 하지 않으면서 뒤처지는 것!
둘째는 지금과 똑같이 살면서 진행하는 것!
셋째는 꾸준히 개선하면서 치열하게 사는 것!
누구에게나 똑같이 주어진 시간은 하루 스물네 시간.
이 사실만 보더라도 여전히 희망적이지 않은가?
알고 보면 모든 순간이 새로 시작할 수 있는 때다.

# 기본을
# 잊지 말자

아무리 잘 봐주는 사람이라도
그냥은 넘어갈 수 없는 것들이 있다.
실수는 참아도 뒤통수치는 건 못 참는다.
충고는 참아도 일관된 편견은 못 넘어간다.
소심함은 참아도 일생이 줏대 없는 건 못 봐준다.
비굴함은 참아도 약자한테 들이대는 건 못 참는다.
이별은 참아도 예의 없는 양다리는 못 견딘다.
단어 몇 자 달라졌을 뿐인데 어떤 건 참아지고
어떤 건 죽어도 못 참는다.
기본을 잊지 않는 것, 그게 남을 위한 배려 아닐까?

# 이런
# 나이고 싶다

나는 이런 사람이고 싶다.
흔들릴 때 흔들리더라도
결국엔 제자리로 돌아오는 그네 같은 사람이고 싶다.
욕은 좀 먹더라도 내 자신을 응원하고
내가 잘해내면 남의 시선과 상관없이
스스로를 대견해할 수 있는 사람이고 싶다.
일단 시작한 나의 사랑에 대해선
후회하지 않는 사람이고 싶다.
못 나갈 때와 잘나갈 때의 자존심에
큰 차이가 없는 사람이고 싶다.
버려야 할 건 과감히 버리고
가져야 할 건 적극적으로 가지는 사람이고 싶다.

# 기다려야
# 온다

기다리지 않고도 오는 것들
세상에 과연 있을까?
한겨울을 견뎌야
강남 갔던 제비도 돌아오고
한 잔의 포도주 그 깊은 맛을 위해선
백 년도 기다린다.
죽을 것 같았던 이별의 상처도
기다리면 결국 아물고
몇 년을 허리띠 졸라매면 반가운 목돈도
내 것이 되며
무명의 아픔 뒤에 뜬 별이 더욱 빛난다.
기다림이 주는 희망적인 변화는
누구에게나 분명 있다.

## 극단적인 것은
## 독이다

남녀가 사귈 때 "오늘로 너랑은 끝장이야!"
이럴수록 더 집착하게 되는 게 사람 심리다.
"오늘부터 다이어트 안 하면 인간이 아니야"
하고 독하게 마음먹는 순간
맛있는 음식들이 머릿속을 둥둥 떠다니고,
"오늘부터 돈 쓰면 카드 자른다" 하는 순간
별게 다 사고 싶은 게 사람 마음이다.
"오늘부터 공부만 한다"라며 머리 빡빡 미는 순간
놀러 다닐 건수만 생각나기 마련이다.
너무 참으면 더 매달리게 된다.
그래서 극단적인 것은 피해야 한다.

# 성공한
# 인생이란

성공이라는 것,
꼭 거창한 것만은 아니다.
이런 성공이 설마 너무 가볍다고 할 것인가?
1년에 두세 곡 정도는
끝까지 부를 수 있는 최신가요가 있다.
종종 "난 어떻게 살아야 되는 걸까?"
진지하게 묻기도 한다.
아랫배가 나오지 않았고 20분 이상 달리기를 할 수 있다.
거울로 들여다보는 내 얼굴이 가끔씩은 괜찮아 보인다.
뒷사람을 위해 먼저 양보할 정도의 여유는 있다.
1년에 적어도 1주일 이상 풀코스 휴가를 즐길 수 있다.
그리고 지금 이 순간도 열심히 뛰고 있다면
당신은 성공한 인생이다.

# 진짜
# 능력이란

어려운 일도 쉽게 하는가?
그렇다면 그것도 능력이다.
쉬운 일도 복잡하게 만드는가?
그렇다면 그건 민폐다.
혼자 해도 될 일로 여럿이 밤새우지 않고
안 되는 일만 골라 하지 않고
되는 일부터 하는 것도 능력이다.
미안하다 한마디면 될 일을
자존심 때문에 질질 끌지 않으며
모르는 건 모른다고 솔직하게 말하고
미리미리 서둘러서 걱정하지 않고
안 되는 일을 붙잡고 시간 끌지 않고
되는 일을 더 잘되게 하는 것,
그래서 가능성의 순간을 늘려가는 것.
그것도 능력이다.

# 당신도
# 리더감?

리더십은 갖는 게 아니라 주어지는 것인지도 모르겠다.
스스로가 아무리 "내가 리더야. 내가 보스감이야"
주장하고 강조해도 아무도 그를 따르지 않으면
누구도 리드할 수 없기 때문이다.
성공한 리더들이 말하는 리더십의 기본은 이런 거다.
욕먹어도 소신을 지키고 마음이 급할수록 멀리 보며
기술보다 체력을 놓지 않고 자신감을 습관화하는 것이다.
또한 인간성을 저버리지 않으며 머릿속으론 신중하게,
밀어붙일 땐 거침없이 행동하는 뚝심!
결국은 뭘 해도 기초 심신이 탄탄해야
모두의 리더가 될 수 있다.

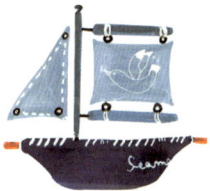

## 세상을
## 바꾸는 힘

하루 10분씩 10년만 같은 일을 하면
한 분야의 유능한 전문가가 될 수 있고
하루에 세 시간씩만 걸어도 7년 후에는
지구를 한 바퀴나 돌 수 있다고 한다.
"매일 세 시간씩 어떻게 걸어?
7년이면 너무 긴 시간 아니야?
진짜 지구 끝까지 갈 수 있다고?"
이렇게 의심부터 하면 가능성을 포기하는 것이다.
무엇이든 가능하다고 먼저 믿는 사람이
내일의 세상을 바꿀 수 있다.

## 최선으로
## 가는 길

최선이란 무엇일까?
우리의 최선은 대개가 그렇다.
최선을 다하지 못한 게 아니라
최선을 다하지 않은 것뿐.
유치원생도 알 법한 최선에 대한 우리의 자세란?
쓴소리는 한 번으로 충분한 게 최선이고
누군가를 좋아할 땐 올인하는 게 최선이고
우울하더라도 바닥을 치고 올라갈 수 있다는
믿음이 최선이고
문제가 있을 땐 풀면 된다는 생각이 최선이며
내가 힘들 땐 누군가의 손길을 바라듯이
옆 사람이 울고 있을 땐
선뜻 손 내어 위로해줄 수 있는
따뜻한 배려가 최선으로 가는 직진 코스다.

진심을
읽는 법

마음과 마음 사이에서
가끔씩 헷갈릴 때가 있다.
계절을 타는 걸까, 피로를 타는 걸까?
분위기에 끌리는 건가, 사람한테 꽂히는 건가?
열심히 잘하고 싶은 건가, 센스 있게 잘하고 싶은 건가?
부티 나는 걸 사고 싶은가, 부러움을 사고 싶은가?
눈이 놀라길 원하나, 가슴이 뛰길 원하나?
알고 보면 내가 정말 원하는 걸
모르는 척할 때도 많은 듯하다.
진심을 읽는 법의 기본은
솔직해지는 게 아닐까.

## 무엇을 하든
## 조급해하지 마라

콩나물시루에 물을 부으면
밑으로 물이 다 빠질 것 같지만
그래도 콩나물은 쑥쑥 잘 자란다.
주말에 실컷 놀면 월요일엔 기력이 없을 것 같지만
에너지는 이미 충전되어 있다.
실컷 울고 나면 두 눈은 부어도
마음은 후련해진다.
무슨 일이든 처음엔 실수하느라 바빠도
그러면서 노련해진다.
이별할 땐 죽을 것 같아도
사랑의 에너지는 그때 더 강해진다.
산다는 게 1박 3일짜리 도깨비 투어는 아니라는 것.
무엇을 하든 조급해지진 마라.

## 마지막 한 번이 인생을 바꾼다

아홉 개를 잘하고도
하나를 못하면 말짱 꽝이 될 수도 있다.
99% 완벽한 기획안이라도
1%의 추진력이 없다면
이면지에 불과하다.
펄펄 끓는 물도 99℃에서
마지막 1℃가 더해져야 가능하다.
10점 만점에 장점이 9점이라도
1점짜리 단점 때문에 싫어질 수 있고
아흔아홉 가지 재능이 있어도
성실함 하나가 받쳐주지 못하면
돼지 목에 진주일 수 있다.
"더는 힘들어" 하며 주저앉고 싶을 때마다 기억하자.
남은 하나, 마지막 한 번이 내 인생을 바꾼다.

# 작은 것을
# 무시해선 안 된다

목표를 향해 갈 땐
한 걸음 한 걸음씩
이어가야 한다는 걸 잊지 마라.
누군가에게 반했더라도 집착보단
하나씩 차근차근 알아갈 것.
나에겐 아무 문제가 없더라도
누군가의 아픔을 종종 기억해줄 것.
힘들어서 다 놓고 싶을 때마다
최악의 순간을 이겨냈던 지난 시간을 되돌려볼 것.
작은 것만 무시하지 않아도 만족은 무한대고,
나는 더 많이 앞서 나가 있을 것이다.

## 반드시
## 두 번째 기회도 온다

무엇을 하든 누굴 만나든
한 발짝씩 내딛을 때마다 잊지 마라.
열정과 성공은 앞서거니 뒤서거니
서로를 돕는다는 것.
깊게 생각한 뒤에 결정한 일에 대해선
몸을 사리지 말라는 것.
새로운 것에 흥미가 없다면
새로운 걸 가질 수도 없다는 것.
첫인상이 별로라면
그 때문에 반전될 기회도 있다는 것.
시키지도 않았는데 한 일에 대해선 후회도 없어야 한다는 것.
최선을 다하되 급하게 실망하진 말 것.
반드시 두 번째 기회도 온다.

# 여행에서
# 알게 되는 것들

어쩌다 여행을 다녀오면 알게 되는 것들이 많아진다.
내가 그동안 얼마나 욕심을 부리며 살았는지,
내가 그동안 얼마나 불필요한 말들을 많이 하고 살았는지,
내가 그동안 얼마나 사소한 미움과 분노로 힘들어했는지,
내가 그동안 얼마나 괜한 걱정으로 뇌를 혹사시켰는지,
내가 그동안 얼마나 지구라는 아름다운 별에
살고 있다는 걸 까맣게 잊고 살았는지.
여행에서 돌아오면 저절로 알게 된다.
떠난다는 것 자체가 선물이다.

# 삶은
# 무한 반전

산다는 건…… 롤러코스터.
상상 플러스 무한 반전이 기다리고 있다.
"솔로 만세 결혼은 뒷전" 이랬던 사람이
제일 먼저 청첩장을 내민다.
심심풀이 땅콩으로 시작한 일이 평생 직업이 되는 경우도 많다.
시간 좀 때우려고 만났던 사람이 인생의 반려자가 될 수도 있다.
우연히 친구 따라 오디션 구경 갔다가
친구 대신 가수가 되는 기회를 잡을 수도 있다.
아무 생각 없이 남 따라 했던 일이
내 삶의 터닝 포인트가 되기도 한다.
10분 앞도 모르는 하루하루
도전하며 사는 게 무조건 남는 거다.

# 뒷모습은
# 거짓말을 하지 않는다

뒷모습은 거짓말을 하지 않는다.
늘 명랑해 보이는 사람도 뒷모습을 보면
외로움의 정도가 느껴진다.
옷으로 감싸도 뒷모습을 보면
살이 쪘는지 안 쪘는지 감이 오고
무섭기만 하던 아버지도
축 처진 뒷모습에서 약해진 걸 알게 된다.
거창한 역사라는 것도 결국은
시간이 지나야 진실이 밝혀지고
숨길 수 없는 치명적인 약점인
아킬레스건도 발뒤꿈치에 있다.
센 척하느라 오늘도 애쓰고 있는 마음들을
등 뒤에서 꼭 안아주고 싶다.

# 스트레스 탈출법

스트레스는 누구나 받는다.

그러나 남들은 그냥 넘기는 골칫거리를

혼자만 예민하게 받아들이면 본인만 손해다.

다음을 잘 체크해보시길!

신문이나 인터넷 기사를 매일 확인하고

자신을 괴롭혀온 대상들을 머릿속에 다 저장해두고

양치질을 자주 안 하면 찜찜해서 못 살고

밥 한번 먹으러 가도 같이 가는 사람 신경 쓰고

어쩌다 실수해도 변명 따윈 못 하고

새 일을 시작하려 하면 가슴이 두근거리는 증세…….

만약 이렇다면?

스트레스에 대한 면역성이 부족한 체질이라고 한다.

스트레스 없는 세상에서 살면 얼마나 좋을까?

하지만 사람끼리 부딪치면서 받는 즐거운 자극도 있지 않을까?

스트레스를 받아도 그러려니 하는 게 스트레스 탈출법이다.

# 우연 같은 기적도
# 노력이 필요하다

때때로 마음에 새기면서
학습하고 싶은 것들이 있다.
아무리 우연 같은 기적이라도
연습과 노력 뒤에 온다는 것.
찬 바람이 불 때면 착잡해지는 건
지난여름 그만큼 열심히 산 증거라는 것.
인격은 사랑할 때보다 헤어질 때 더 많이 들킨다는 것.
열심히 일해도 능률이 오르지 않으면
잘 노는 법부터 배워야 한다는 것.
한발 먼저 감 잡는 당신, 뭘 해도 대박이다!

# 바쁠수록
# 여유를 가져라

정신없이 살다 보면

주변 배경들 놓치고 살 때가 많다.

내가 먹고 일하고 자고

매일 기계처럼 뺑뺑 도는 동안,

내가 필름 끊기도록 술 마시며 몸부림치는 동안,

내가 별거 아닌 일로 욱하며 미워하고 괴로워하는 동안

누군가는 나만 바라보며

날 위해 기도하고 있을지도 모른다.

무너진 담장 틈새로 이른 봄꽃이 비집고 나왔을지 모르고,

우리 동네 슈퍼마켓 주인아줌마가 바뀌었을지도 모르고,

옆집 강아지가 새끼를 낳아 자랑하고 싶어

안달 났을지도 모를 일이다.

무조건 앞만 보고 달리는 게 다는 아니다.

사는 게 아무리 빡빡해도

종종 한숨 돌리고 주위도 바라봐 주자.

바쁠수록 지금이 바로 여유를 가질 때다.

# 무뎌지는 게
# 나쁜 것만은 아니다

우리 감각 중에서 제일 오래가는 게 후각이라고 한다.

감각이란 게 누가 가르쳐줘서 느껴지는 게 아니다.

거부할 수 없는 본능이지…….

그런데 어느 날부턴가 후각이

"예전만 못하다, 무뎌졌다" 혹시 이렇다면

그건 이제 아픔을 느끼는 마음도

"예전 같지 않다, 상처도 덜 받는다"라고 받아들여도 된다.

감수성 같은 것도 그렇다.

슬픈 영화를 봐도 예전만큼 찡하지도 않고 그러려니 한다면?

"아, 이건 많은 아픔으로부터

나를 보호하겠다는 본능적 의지구나!"

이렇게 생각해도 된다는 것이다.

하찮은 작은 상처 하나까지도 그냥 못 넘어가면 우린 못 산다.

그러고 보면 '무뎌지는 것'도 필요하다.

종종 무심해져야 된다.

그래야 또다시 말랑말랑해질 수 있는 거니까.

# 지금이
# 가장 잘할 때다

후회하거나 핑계 대기를 자주 하는 편인가?
5분만 일찍 일어났더라면,
좋은 학교만 나왔더라면,
얼굴이 좀 더 받쳐줬더라면,
부모님을 잘 만났더라면,
아니면 다섯 살만 어렸어도 시작해봤을 텐데…….
왜 이런 것들 있지 않은가.
그런데 생각해봐라. 앞으로 5년 뒤에 나를 본다면?
지금이 얼마나 어리고 탱탱한 나이인가!
아마 지금 이때로 다시 돌아오고 싶어서 몸살 날지도 모른다.
"지금은 안 돼. 절대 못 해!" 하는 일이라면
5년 전이었더라도 별 차이 없었을 것이다.
그래서 언제나 지금 이때가 우리에겐 제일 젊고 어리고
뭘 해도 가장 잘할 때라는 게 맞다.
얼마나 살 것이냐보다 어떻게 살 것이냐가 더 중요하다.

## 미의 기준은
## 내 맘대로

첫인상 좋다는 소리 좀 듣는 편인가?
첫인상부터 점수를 따는 것도 능력이라면 능력인데
재밌는 건 세상에 별일도 많아서
미의 기준이 정말 색다른 곳도 있다.
영국의 움버랜드라는 마을에선
앞니가 쩍 벌어진 사람을 럭키맨이라고 한다고 한다.
그래서 이런 사람은 치아를 교정하기는커녕
오히려 이가 가지런해질까 봐 걱정한다고 한다.
그런가 하면 스코틀랜드 어느 지방에선
시끄럽게 웃을수록 매력으로 쳐주고
필리핀의 어느 마을에선 볼이 빨간 얼굴을
최고의 첫인상으로 봐준다고 한다.
미의 기준은 어쩌면 보는 사람 마음대로일 것이다.
단, 세계 공통적인 게 하나 있다면
그건 바로 자연스러운 미소가 아닐까.

# 프로와
# 아마추어의 차이

"한 번만 더 하면 잘할 수 있을 텐데……."
"다시 한 번 기회를 주면 반드시 해낼 텐데……."
이런 게 아마추어라고 한다.
시킬 때는 뭐 하고 있다가 꼭 나중에 땅을 치는 것이다.
"아, 아까 상사한테 브리핑할 때
이렇게 말했어야 했는데……."
"아, 어제 회식 때 부른 노래가 걸린다.
다시 하면 완벽하게 할 텐데……."
이게 아마추어의 한계다.
그런데 기회란 게 어디 그렇게 자주 오나?
이왕이면 시킬 때 잘하고
일단 한 일에 대해선 후회하지 말자.

# 입장 바꿔 생각하기

당신은 평화주의자인가, 논쟁을 즐기는 편인가?
가만 보면 싸움이 나는 게 다 입장 차이 때문이다.
내가 운전 중일 땐 느리게 가는 행인이 답답하고
내가 횡단보도를 건널 땐 빵빵대는 운전자가 개념 없어 보이고.
어머님들 입장도 마찬가지다.
며느린 아들에게 쥐여살면 좋고
사위는 딸에게 잡혀 살아 주는 게 좋고,
사위가 처가에 오는 건 당연한 거고
내 아들이 처가에 자주 가면 못난 놈 같아 보이는 것.
어쩌다 노는 토요일 남편 입장에선
놀토라서 모처럼 방콕 하는 건데…….
아내 입장에선 매일 집에 있다가
딱 하루 밖에 나가 외식도 하고 싶은데
집에서만 뒹구는 남편이 못마땅하지 않겠는가!
물론 입장 바꿔 생각하기가 쉬운 일은 아니다.
하지만 몇 초만 바꿔 생각해도
복잡해질 일이 단순하게 풀릴 수 있다.

# 주는
# 기쁨

선물을 받는 쪽보다 주는 쪽이 더 즐겁단 말이 있다.
연애할 때도 그렇다.
후회 없이 원 없이 사랑을 다 퍼준 사람은
비록 차여도 두 다리 쭉 뻗고 잔다.
다 준 사람은 미련이 없는 법이다.
길게 보면 받는 쪽보다 주는 쪽이 만족도가 높다는 것.
얼마 전 팔십이 넘으신 한 할머님이
임대아파트에서 홀로 근근이 살면서 모은 2천만 원을
기부하셨다는 기사를 신문에서 보았다.
기부의 이유는 간단하고 명료했다.
"어차피 못 쓰고 죽을 돈인데 필요한 사람에게 주고 싶다."
주는 기쁨을 아는 사람이라면 그 인생은 이미 대박!

# 끝까지
# 가봐야 안다

승부나 결과에 집착하는 편인가?
이런 말이 있다.
"세상엔 영원한 승자도 없고 영원한 패자도 없다.
평생 가는 1인자도 없고 평생 가는 꼴찌도 없다."
영원히 행복할 것 같은 사람도 한두 번은 크게 꺾이고
하는 일마다 족족 안 되는 사람도
언젠가는 승리의 V 자 그릴 날이 있다.
주기라는 게 있어서 슬럼프도 계속 가진 않는다.
당장 죽을 것 같다가도 하룻밤 지나고 나면
거짓말처럼 기분이 멀쩡해진다. 끝은 아무도 모르는 거다.
그래서 코앞에 닥친 일 때문에 미래를 다 걸고
실망할 필요는 없는 것이다.
세상엔 끝까지 가봐야 아는 일들이 더 많다.
지금 당장은 구름이 걷힐 것 같지 않더라도
그래서 더 희망적일 때도 있지 않은가?
이젠 쨍쨍 해가 뜰 일만 남았다.

# 모든 건 시간이
# 해결해준다

가끔 감정 조절이 잘 안돼서 발끈할 때가 있을 것이다.
그런데 화를 다스리는 것도 능력이다.
그만큼 뇌가 급히 판단할 수 있는 능력이 있는 것이다.
화를 삭이는 훈련으로 이런 게 있다.
일단 심호흡을 깊게 하면서 "참자, 참자" 하는 것이다.
감정 관리는 첫 단계가 제일 중요하다.
처음에 버럭! 해버리면 다시 주워 담기 힘들다.
그러니까 욱할 때 일단 참고, 그래도 누군가 괴롭히면
"쟤는 원래 저래" 하며 아예 포기해버리는 것도 효과가 있다.
아니면 그냥 "웃기고 있네" 무시해도 문제가 단순해진다.
"인간이 불쌍해서 봐준다" 동정표도 괜찮다.
아니면 반대로 "잘난 내가 왜 너 때문에?"
이것도 진정 효과가 있다.
날 괴롭힌 사람은 잘만 사는데
나만 속 터지면 그게 더 억울하지 않을까?
당장은 화병으로 숨넘어갈 것 같아도
며칠만 지나면 우스워질 때도 생각보다 많다.
기억해라! 모든 건 시간이 해결해준다.

# 걱정한다고
# 달라지는 건 없다

세상에 버려야 할 게 세 가지가 있다.
안 입는 옷, 뱃살, 그리고 걱정.
사실 남이 나를 괴롭히는 건 비중이 크지 않다.
진짜 날 괴롭히는 건
내 마음속에서 내가 사서 하는 고민들이다.
살다 보면 힘든 일 많다.
생로병사 기본 고통에다 보너스로 입시 지옥,
실업, 실연, 사고, 배신…….
남이 주는 고통이야 어쩔 수 없지만
거기에다 보태서 내가 나를 달달 볶는 거,
이래선 안 된다.
가끔은 외쳐보자. "인생 뭐 있어?"
그래, 걱정해서 달라질 게 없다면 다 털어버리는 거다.
다른 건 몰라도 일어나지도 않은 일을 두고 고민하는 건
국가적 낭비다.

# 말하지 않아도
# 그냥 통하는 사이

점심 후 커피 한잔 나누면서
"어제 뭐 했냐? 어제 그 드라마 봤어?"
시시콜콜한 얘기가 때론 생활에 활기를 줄 수 있다.
아주 오랜만에 만난 사람이어야 할 얘기가 많을 것 같지만
알고 보면 그게 아니다.
수화기 닳도록 전화하고 또 하고 매일 만나서 얘기하고 또 하는
이런 친구나 동료와 다시 만났을 때 할 말이 더 많은 법이다.
매일 만나도 매일 새로운 얘깃거리가 생긴다는 게 신기하다.
이러다 보면 어느 순간 눈빛만 봐도 대화가 된다.
심지어 이럴 때도 있다.
어쩌다 친구 집에 놀러 갔는데 말없이 비디오를 보거나
음악을 듣다가 문득 출출해서 "배고프지 않아?"
말하면서 돌아보면 이미 친구는 찬밥을 꺼내서
김치 넣고 프라이팬에 볶고 있는 거다.
할 말이 많으면서도 말 안 해도 그냥 통하는 사이,
좋은 친구는 이런 거란 생각이 든다.

# 한 번 꼬이면
# 다 꼬인다

모처럼의 휴일, 비장의 옷을 꺼내선
평생 몇 번 할까 말까 한 다림질을 했다.
그러곤 '내일 저거 입고 회사 가면 아마 다들 한마디씩 할걸?'
상상하며 잠들었는데 아침부터 비가 좍좍 내린다.
이럴 땐 완전 열 받는다.
급히 들고 나온 우산은 한쪽 살이 삐죽 솟아 있고
버스는 오늘따라 왜 이렇게 늑장을 부리는지…….
당연히 지각이다.
월요일에 지각하면 일주일 내내 고달프다는 걸 알면서도
매번 실수를 연발하는 나를 보면 살 수가 없다.
비는 오는데 전화는 죽었다 깨나도 한 통도 안 오고……
들려오는 소리라곤 "모모 씨, 이것 좀 해줘. 저것 좀 부탁해".
가만 보면 짜인 각본이 있는 것처럼 나한테만 태클이 들어오고
다들 나만 괴롭히는 것 같은 날이 있다.
하지만 이런 말이 있다.
"인생이 공정하리라고 기대하지 말라."
조금씩은 다들 그렇게 손해도 보고 열도 받고 사는 거다.

## 상대의 마음을 바꾸는
## 사소한 감동

"저는 지금 전화를 받을 수 없습니다.
죄송하지만 메시지를 남겨주시겠어요?
물론 귀찮을 수도 있겠지만
마음을 굳게 먹고 하고 싶은 그 말을 해버리는 겁니다.
자, 그럼 잠시 후에 삐— 소리가 나면 시작해주세요.
아, 혹 그럴 맘이 생기지 않는다면 지금 끊어버려도 괜찮아요.
그래도 이해합니다. 저도 그럴 때 많거든요."
만약 누군가에게 전화를 했는데 이런 음성 녹음이 들려온다면
글쎄, 귀찮아서 끊으려고 했다가도
"그래, 성의가 괘씸해서라도 한마디는 남겨놓겠다!"
뭐 이런 마음이 들지 않을까?
상대의 마음을 돌리는 아주 사소한 감동!
"나도 그래. 나도 그럴 때 있어"
이 말이 얼마나 힘이 되는지 모른다.
같이 공감하는 정서를 갖는 것,
그게 바로 함께 살아가면서 서로에게 줄 수 있는
기운 같은 게 아닐까?

# 어른이
# 된다는 건

쓸데없는 걱정으로 시간 낭비 말아야 한다는 걸 아는 것,
주머니의 무게에 따라 행동반경의 범위가 정해지는 것,
똑똑함보다는 현명함이 더 필요해지는 것,
자신이 한 말에 책임을 질 수 있어야 하는 것.
어른이 된다는 건 그렇다.
이루지 못할 꿈이 더 많다는 걸 깨닫는 것이고,
다른 사람을 배려할 줄 알게 되는 것이다.
아무리 애를 써도 좋아하는 사람을 차지하지
못할 수도 있다는 걸 아는 것이고,
돈과 지위 다 필요하지만 성격만큼
중요한 게 없다는 사실을 알게 되는 것······.
어른이 된다는 건 이런 걸 하나씩 배워나가는 것이다.
하지만 다 큰 어른이 돼도
순수한 동심과 때 묻지 않은 마음만큼은
절대 잃지 말았으면 한다.

# 프로로 가는 길은
# 평탄하지 않다

남부럽지 않게 성공하고 싶은가?
자기가 좋아하는 일을 하면서 돈을 벌거나,
아니면 탁월한 실력으로 업계 최고가 되는 것.
나름대로 생각하는 성공의 기준이 다 다를 것이다.
만약 많은 사람이 자신을 완벽한 프로로 봐준다면
이것도 대단한 성공이라고 할 수 있다.
사실 프로로 가는 길은 평탄하지가 않다.
숱하게 넘어지면서 유혹에 흔들리고
포기하고 싶을 때도 한두 번이 아닐 것이다.
하지만 그런 과정을 혹독하게 치르고 난 뒤
어느 날엔가 프로로 우뚝 서게 되는 게 아닐까 싶다.
흔하지만 고전이 된 카피, 그래서 "프로는 아름답다."
성공의 대가는 쓴맛을 본 뒤에라야
더욱 달콤하게 온다는 것, 그건 틀림없는 사실이다.

# 인간관계는
# 의외로 간단하다

"난 고집 있어. 자존심은 안 굽혀. 할 말은 하고 산다."
이런 사람일수록 인간관계에서 오는 갈등이 많다.
그런데 알고 보면 '인간관계'라는 거, 간단한 것일 수도 있다.
이런 것만 기억한다면 말이다.
불쾌한 특징보다 유쾌한 특징을 가진 사람을 좋아하는 게
사람들의 일반적인 심리라는 것,
그리고 자기 의견에 토를 다는 사람보다
따라주는 사람을 더 좋아하고
자기를 싫어하는 사람보다
관심 가져주는 사람한테 더 끌린다는 것.
또 자기와 경쟁하는 사람보다는 자기에게 협조해주는 사람을,
자길 비판하는 사람보다 칭찬해주는 사람을 더 좋아한다는 것.
이런 걸 심리학에선 '매력에 대한 일반적인 보답'이라고 한다.
"저 사람은 왠지 날 싫어해" 이렇다면 이유가 있는 거다.
내가 먼저 그 사람을 거부한 건 아닌지 돌아볼 필요가 있다.
알고 보면 좋은 사람들,
서로가 붕붕 띄워주며 즐겁게 산다면 얼마나 좋은가?

# 간격은 지키면서
# 외롭지 않게

물을 너무 많이 준 선인장은 오래가지 못하듯이
애정이 과하면 빨간 불이 켜지는 것들이 있다.
노는 것만 좋아하면 신세 망칠 수 있고
시도 때도 없이 시비 거는 것만 좋아하면
세상이 미워질 수도 있다.
친구 너무 좋아하면 오히려 친구를 잃을 수도 있다.
잠자는 것만 좋아하면 건강을 해칠 수도 있고
떠돌아다니는 것만 좋아하면 더 외로워질 수도 있다.
가깝게 다가가면서도 거리는 지키듯이
간격은 지키면서도 외롭지 않게
외롭지 않으면서도 방해는 받지 않고
뭐든지 이 정도 애정이면 딱 좋을 텐데 말이다.
꼭 알맞은 시간, 알맞은 만남
쉽진 않지만 노력하면 잘 유지할 수 있을 것이다.

# 멋지게
# 나이 들어가는 것

멋지게 나이 들어가는 것.
그건 나이를 의식하지 않는 것이다.
과거를 돌아보지 마라!
지난 것은 늘 더 좋아 보이니까.
나와 관계없는 변화들도 인정하는 융통성을 가져라!
바람이 통하지 않는 머리는 녹이 스니까.
할 수 없다고 포기하지 말고 할 수 있다는 생각만 해라!
20대 노인보다 60대 청춘이 훨씬 나으니까.
오감을 퇴화시키지 마라!
보고 듣고 느끼는 것에 예민해지는 것.
이게 바로 젊음이니까.
그냥 내버려 둬도 괜찮을 나이는 없다.
파워 있는 나이, 언제나 지금이 그때다!

# 새 인생이
# 기다리는 오늘

가끔 "이러면 안 되는데 이럴 순 없어……"
이를 악무는데도 생각대로 잘 안 될 때가 있다.
나도 모르게 거드름을 피우면서 잘난 척 허풍 떨 때,
튕기는 이성에겐 아무리 애를 써도 꼼짝 못할 때,
말만 많아지고 기억력은 가물가물해질 때,
상대에겐 말할 기회도 안 주고 혼자만 떠들 때,
날 싫어하는 그 사람에게 눈치 없이 매달릴 때,
걸핏하면 건수 잡아 곤드레만드레가 될 때,
나보다 힘 있는 그 사람에겐
언제나 굽실거릴 준비가 돼 있을 때,
살다 보면 이럴 때가 더러 있을 것이다.
그래서 필요한 게 '마인드 세탁'이다.
오늘부터 새 인생을 시작한다는 마음!
아무것도 없었던 처음에서부터 다시 시작하는 거다.
오늘 당장 한번 해봐라.
분명 뭔가 변화를 느낄 수 있을 것이다.

# 천천히 과정을
# 즐길 줄 알아야

별로 대단한 일도 아닌데 끝장을 보고 싶을 때가 간혹 있다.
뭘 한번 먹기 시작했다 하면 이건 후식에 간식에
배가 불러서 숨이 차오를 때까지 멈추지 않는다.
또 어쩌다 말다툼이라도 하게 되면
이겼다는 확신이 들 때까지 언쟁을 이어가는 집요함도 있다.
가만 보면 사소한 일에 오히려 더 끝을 보려고 매달리는 것 같다.
그런데 이런 사람일수록 또 큰일엔 끝을 못 보고
쉽게 허물어진다는 사실, 이게 참 웃기는 거다.
별일도 아닌데 꼭 끝을 봐야만 직성이 풀리는 고집,
이것도 어떻게 보면 자신이 없어서 그런 것일 수 있다.
끝을 좀 안 보면 어떤가?
천천히 과정을 즐기는 맛이 훨씬 더 좋을 수 있다.
끝을 보기보다는 지금 이 순간을 놓치지 않는 것!
그래야 후회도 줄어든다.

# 핑계
# 대지 마라

학교를 마쳤으니까, 직장 생활 바쁘니까,
결혼했으니까, 아이 키워야 하니까,
남편 뒷바라지해줘야 하니까,
그러니까 책과는 바이 바이~ 설마 이러는 건?
등수 매기는 일이 아니니까, 돈 되는 일이 아니니까,
그 사람이랑 결혼할 것도 아니니까,
내 자식도 아니니까, 내 한 몸 잘 살기도 힘드니까,
이러면서 아무 데나 자존심 남용하고 있는 건 아닌지?
또 헤어질지 모르니까,
다시 상처받을지도 모르니까,
그러니까 좋아하는 마음 생겨도
꾹꾹 누르고 있는 건 아닌지?
어떠어떠하니까……, 무엇무엇 때문에…….
이런 토만 달지 않는다면 오늘도 세상은 그대의 것이다.

# 숫자는
# 이제 그만

"오늘 '며칠'이죠?" "지금 '몇 시'예요?"

"이따가 '몇 명'이나 모이나요?"

하루에도 수차례씩 확인하는 게 '숫자'란 생각이 든다.

나이 먹기가 무섭게 "나이가 어떻게 되세요?"

"형제는 몇인가요?" "직장 생활 몇 년 차입니까?"

"월급은 얼마예요?"

숫자를 떠난 생활 상상하기 힘들다.

디지털 시대에 살면서 우린 또 숫자에 대해 더욱 철저해졌다.

빡빡하고 냉정하고 칼같이 돼버린 거다.

그래서 이런 생각을 해본다.

지금 몇 신가? 오늘이 며칠인가? 너무 예민해지지 말자.

몇 살이냐고 캐묻지 말고 신경 꺼주자.

월급 액수 따져가며 능력 판단하지 말자.

일과 생활과 사랑을 숫자로 환산하려는 마음 이제 그만 접자.

누구보다 한 살 더 살았다고 무게 잡지 말자.

보이는 폼에만 무게중심을 두는 거,

실은 이게 더 참을 수 없는 존재의 가벼움인 것이다.

# 혼자라는
# 스트레스

열대어나 금붕어도 고독을 싫어해서
어항에 한 마리만 달랑 있으면 쉽게 죽는다.
이유는 너무 외로워서 그 혼자라는 스트레스 때문에
더 이상 살 수가 없는 거라고 한다.
혼자 있는 걸 유난히 좋아하는 사람이
병들기 쉬운 것과 비슷하다.
날이 조금만 궂어도, 조금만 마음에 상처를 입어도
어떻게든 구실을 만들어서 혼자가 되려고 하는 사람들.
남보다 쉽게 늙고 없는 병도 생긴다는데 그럼 억울하지 않을까?
사람이 착각하기 쉬운 것 중의 하나가
"사람들은 모두 나를 좋아해" 이런 착각이라고 한다.
그런데 이런 착각 대단히 건전하다고 생각된다.
"다들 날 싫어하는 것 같아. 내 곁엔 아무도 없어."
이렇게 스스로를 왕따로 만드는 것보다야
사람들이 모두 자기를 아껴준다고 착각하는 쪽이
훨씬 정신 건강에 좋지 않을까?
가끔은 혼자만의 시간도 필요하지만
유별나게 고독에 올인하는 것,
오히려 외로움이 두렵기 때문일 수도 있다.
내 곁엔 언제나 누군가가 있다. 이런 착각 자주 해주자.

# 웃을 일이
# 더 많다

하루를 신나게 사는 방법! 웃는다.
그리고 한 번 더 웃는다!
길은 언제나 가까이에 있다.
너무 멀리 가지 마라. 그러면 길을 잃어버린다.
친구의 푸념 섞인 전화, 바쁜데 잘못 탄 버스,
거기서 두 번씩이나 밟힌 구두, 오후의 편두통,
부장님의 호통…….
어제 속상했던 일들을 적어봐라.
그럼 아마 곧바로 화풀이할 대상을 물색할지도 모르겠다.
그러면 얼른 다시 눈을 감는다.
기분 나쁘지 않았던 일들, 피곤했지만 큰 소리로 웃었던 일들을
적어보는 거다.
오랜만에 걸려 온 친구의 안부 전화,
뜻밖의 부장님 칭찬, 기다림 끝에 건진 레어 아이템,
공짜 연극표…….
아마 틀림없이 기분 좋았던 일들이 더 많을 거다.
찌푸릴 일이 백 가지라면 웃을 일은 적어도 백한 가지다.

# 걱정의 반 이상은
# 쓸데없는 것

무슨 일이든 "Yes!"라고 쿨하게 생각할 줄 아는 사람,
해야 할 일의 반은 성공한 거다.
내키지 않는 일엔 용기를 내서 "No!" 하는 사람,
스트레스 받지 않는 행복한 사람이다!
우리가 매일 "어떡해. 속상해 죽겠어" 하는
걱정의 반 이상은 현실로 일어나지 않는다는 것,
그 나머지 반도 이미 일어난 일에 대한 거라는 것,
그러니까 우리 힘으로 당장 어찌할 수 있는 건 전혀 없다는 것,
이미 너무나도 잘 알고 있는 것들이다.
그런데도 내일 치 내후년 치까지
사서 걱정하는 사람이 정말 많다!
이런 사람은 아무리 좋은 시절이 와도
그게 사실이 아닐까 봐 또 걱정한다고 한다. 못 말린다!
그렇게 앞당겨서 걱정 안 해도 세상은 평화롭게 돌아간다.

# 좋아하는 일에는
# 밤도 새울 수 있다

아무리 피곤해서 온몸이 꺼져 들어가도
내가 원하는 곳, 내가 달려가 만나고 싶은 사람,
내가 좋아하는 그 일만 있다면 밤도 새울 수 있다.
아무리 마음이 콩밭에 가 있어도
당장 코앞에 닥친, 그래서 더 이상 물러설 데가 없는
그 일을 만나면 순식간에 해치울 수 있다.
아무리 배가 고파 하늘이 노래질 때라도
좋아하는 사람 앞에선 물 한 모금 마실 수 없을 때도 있다.
아무리 가진 게 없어도 진심으로 날 알아주는
단 한 사람만 있으면 언제든 당당할 수 있다.
함께 있는 것 같지만 혼자일 때도 있는 거고
혼자여도 절대 혼자가 아닐 때도 있는 거다!
그건 마음의 문제 아닐까?

# 몸과 마음이
# 원하는 것

남들에 대해선 궁금한 게 한둘이 아니어도
막상 자신에겐 하루에 한 가지도 묻지 않고 넘어갈 때가 많다.
어쩌면 그래서 "나도 나를 잘 몰라"
이런 소릴 하는 건지도 모른다.
하지만 때때로 이런 거 스스로에게 물어봐 줘야 한다.
몸에게 물어보는 거다.
지금 내게 어떤 영양소가 필요한지 말이다.
몸에서 원하는 건 그때그때 채워줘야 성격 파탄자가 안 된다.
또 가슴에도 물어봐 줘야 한다. 오늘은 어떤 감동이 필요한지.
몸과 마음이 원하는 걸 아는 건 오로지 자신뿐이다.
이걸 해결하면 풀지 못할 문제는 없다.
대개는 이럴 때 몸과 마음이
영양 결핍으로 불안해지고 긴장된다.
자신의 능력을 믿지 못할 때,
실수할지 모른다는 막연한 두려움이 앞설 때,
무엇부터 해야 할지 순서를 정하지 못하고 갈팡질팡할 때,
아직 때가 아닌데 괜히 서두를 때,
조금 게을러진 걸 무능력이라고 몰아붙이면서 포기하려 할 때.
이럴 때 몸과 마음이 영양 결핍으로 헛헛해진다고 한다.

# 나에게도
# 장점은 있다

실수할까 봐 사고 칠까 봐 혹시라도 민폐 끼칠까 봐
늘 조바심 내면서 살아가는 것,
이것도 피곤하고 재미없을 거다.
아무리 따져보아도
"난 너무 시시해. 잘난 데가 없어"라고 느끼는가?
그렇다면 그건 단지 자신의 장점을 찾는 방법을 몰라서다.
내가 별로 대단하지 않게 느껴질 땐 이렇게 생각을 바꾸는 거다.
"그래, 난 평범해. 하지만 남에게 편안함을 줄 수 있잖아."
내가 뚱뚱해서 위축이 될 땐 이렇게 생각을 바꾸는 거다.
"그래, 난 날씬하지 않아. 하지만 까다로운 인상은 주지 않잖아."
아무 때나 싫증을 잘 내는 내 성격이 마음에 안 들 땐
"그래, 난 인내심은 부족해. 하지만 순발력은 뛰어나잖아."
스스로 고집이 세다고 생각이 들면 이렇게 바꿔 생각해봐라.
"그래, 하지만 난 내 생각을 분명히 말하려고 늘 노력하잖아?"
자신의 좋은 점을 자꾸만 찾다 보면
자신감은 저절로 생길 것이다.

# 잠수
# 타고 싶을 때

하루 종일 휴대폰이 안 울리면 허전하다.
휴대폰을 두고 온 날은 초조 불안 긴장이다.
잔소리는 사양해도 휴대폰 소리는 환영한다. 요즘도 이런가?
아니면 휴대폰 소리가 소음이다. 문자 확인도 귀찮다.
휴대폰을 두고 온 날은 날아갈 것만 같다. 이렇게 바뀌었는가?
아닌 게 아니라 요샌 자신을 찾는 모든 것으로부터
도망치고 싶다는 사람들이 적지 않다.
"날 좀 가만 내버려 둬. 아무도 날 찾지 말아줘!"
살다 보면 이렇게 잠수 타고 싶을 때가 있는데…….
당신은 어느 때 풍덩 잠수 타고 싶은가?
할 일은 태산인데 아무것도 하기 싫을 때?
연애하느라 눈에 뵈는 게 없을 때?
다이어트 결심했는데 밥 먹자는 전화 빗발칠 때?
실연당해 만사가 귀찮을 때? 왠지 고독을 씹고 싶을 때?
어느 날 불현듯 날 알아보지 못하는 곳으로
달아나 버렸으면 좋겠다……, 살다 보면 그럴 때가 있다.
그럴 땐 과감하게 궤도 이탈을 감행해보는 거다.
그리고 다시 돌아왔을 때……
그 기분은 떠나본 사람만이 안다.

# 언제나 지금이
# 내 생애 최고의 전성기

우리 나이 스물 전엔 아름다워야 한다.
우리 나이 서른 전엔 강해져야 한다.
우리 나이 마흔 전엔 돈을 모아야 한다.
우리 나이 쉰 전엔 현명해져야 한다.
스물 전에 아름답지 못하고 서른 전에 강하지 못하며
마흔 전에 돈을 모으지 못하고 쉰 전에 현명해지지 못하면
평생 아름다울 수도 강할 수도 부유할 수도
현명해질 수도 없다고 한다.
아름답게 나이 드는 것, 우리 모두의 바람인데…….
나이 든 사람은 젊어질 수 없다는 걸 알고 있지만
젊은 사람은 자신도 늙어간다는 걸 잊고 있다.
아름다울 나이, 강할 나이, 부유할 나이, 현명할 나이,
지금 어디에 속해 있나?
잊지 마라!
언제나 지금이 내 생애 최고의 전성기다.

# 이젠
# 버리고 싶다

이젠 버리고 싶다.
훌훌 던져버리고 싶다.
내 문제만큼은 죽어도 안 들키려는 그 소심함,
남들이 뭐랄까 봐 일생 눈치만 보는 비겁함,
일하는 거 말고는 아무 재미가 없는 지루함,
결과만 생각하다 평생 시작도 못 하는 그 한심함,
뜬구름만 잡다가 시들해지는 시시함도 이제 그만.
버리는 것도 위대한 용기다.

# 순간순간 찾아오는
# 행복들

부드럽고 상쾌하고 들뜨고 간절하고 애타고 개운한,
이런 느낌들과 만나면 행복감이 밀려온다.
〈My Love〉를 부르는 웨스트라이프의 허스키한 듯 부드러운 느낌!
여행 가방을 메고 오랜만에 마셔보는 새벽 공기의 상쾌한 느낌!
처음 내가 번 돈으로 부모님 선물 고를 때의 들뜬 느낌!
전화로 그의 마음 확인할 때의 간절한 느낌!
늘 아쉽게 끝나는 드라마 다음 편을 기다리는 애타는 느낌!
졸음 쏟아질 때 잠깐 눈 붙이고 난 뒤의 개운한 느낌!
행복은 이렇게 순간순간 만나는 '느낌'에서 오는 것일 거다.
때론 이성보다 감정이 앞서고 감정보다 감각으로,
느낌으로 만나지는 것도 많지 않은가?
사소한 느낌의 위대함을 아는 것도 기적이다.

화성에서 온 남자, 금성에서 온 여자가 아니라
남자 여자는 은하계부터가 다르다고 생각하면
그와 그녀는 좀 더 가까워질 수 있다.